计算机辅助教学理论与实践研究

魏　鉴　陈楼帅　戴丽萍　著

中国建材工业出版社
北　京

图书在版编目(CIP)数据

计算机辅助教学理论与实践研究/魏鉴,陈楆帅,
戴丽萍著. --北京:中国建材工业出版社, 2024.6
ISBN 978-7-5160-4193-2

Ⅰ.G434
中国国家版本馆 CIP 数据核字第 2024WE2001 号

计算机辅助教学理论与实践研究
JISUANJI FUZHU JIAOXUE LILUN YU SHIJIAN YANJIU
魏 鉴 陈楆帅 戴丽萍 著

出版发行:中国建材工业出版社
地　　址:北京市西城区白纸坊东街 2 号院 6 号楼
邮　　编:100054
经　　销:全国各地新华书店
印　　刷:北京印刷集团有限责任公司
开　　本:710mm×1000mm 1/16
印　　张:12
字　　数:161 千字
版　　次:2025 年 1 月第 1 版
印　　次:2025 年 1 月第 1 次
定　　价:65.00 元

本社网址:www.jccbs.com,微信公众号:zgjcgycbs

前 言

随着计算机技术的迅速发展及其在教育领域中的广泛应用，人们对计算机在教育教学中的运用给予了高度重视，计算机辅助教学已成为信息时代教育研究的重要内容。“辅助”强调人的主导作用。在人的主导下，计算机和使用者构成了一个人机密切交互的系统。计算机辅助教学是指用计算机直接来帮助教师或替代教师的教学活动，指导学生接收或建构知识的活动。可以仅仅把计算机作为教师讲解教学内容时媒体信息呈现的辅助手段，也可以用计算机课件来代替教师的讲解，由“电脑教师”承担教学任务，使学生在这个不知疲倦的教师指导下按自身特点进行个别化学习。

当前，教育技术已经成为现代教育教学必不可少的手段。作为教育技术的重要组成部分，计算机辅助教学已广泛应用于教育教学之中。因此，学习和掌握计算机辅助教学的理论、方法和技术，是新时代教师应具有的基本素质，是促进教学改革，使之适应信息社会需要的基本要求。

本书是关于计算机辅助教学理论与实践研究的著作。本书内容包括计算机辅助教学概述、计算机辅助教学模式、计算机辅助教学法、计算机辅助教学课件概述、多媒体素材及其采集和加工、教学课件的开发与制作、网络课程的设计与应用、计算机辅助教学应用实践。

在本书的撰写过程中，作者参考了大量理论与研究文献，在此向涉及的专家学者表示衷心的感谢。由于作者水平有限，书中难免出现纰漏，恳请广大读者批评指正。

目 录

第一章　计算机辅助教学概述

第一节　计算机辅助教学的基本概念

一、计算机辅助教育

计算机辅助教学是计算机辅助教育中的一种。为了准确认识计算机辅助教学，下面首先对计算机辅助教育的概念进行分析。计算机辅助教育（computer based education，CBE）研究的是计算机在教育领域中的应用，包括所有以计算机为主要媒介进行的教育活动，也就是使用计算机技术（包括硬件技术和软件技术）来帮助教师教学、帮助学生学习、帮助教师管理教学活动和组织教学活动等。它是计算机技术在教育领域中的重要应用之一，是教育现代化的一个重要标志。

计算机辅助教育主要包括计算机辅助教学（computer assisted instruction，CAI）和计算机管理教学（computer managed instruction，CMI）两部分。计算机辅助教学侧重教学过程，计算机管理教学侧重管理过程。在实际应用中，由于教学和教学管理具有相关性，CAI 与 CMI 之间也可能存在功能交叉的现象。

二、计算机辅助教学

计算机辅助教学主要是利用计算机技术辅助教学，提高教学效率。关于计算机辅助教学的概念目前还未形成统一的说法，但阐述的内涵是相同的。下面从狭义和广义两个方面对其概念进行分析。

(一)狭义的概念

从狭义的角度来理解,计算机辅助教学就是在课堂上教师利用计算机的教学软件来对课堂内容进行设计,而学生通过教师设计的软件内容来对相关的知识进行学习。也可以理解为计算机辅助教师对学生们进行知识的传授以及相关知识的训练。同时也可以定义计算机辅助教学是利用教学软件把课堂上讲解的内容和计算机进行结合,把相关的内容用编程的方式输入给计算机,这样一来,学生在对相关的知识内容进行学习的时候,可以采用和计算机互动的方式来进行学习。教师利用计算机丰富了课堂上的教学方式,为学生创造了一个更加丰富的教学氛围,在这种氛围下,学生可以通过计算机间接的与教师进行交流。我们可以理解为,计算机辅助教学是用演示的方式来进行教学,但是演示并不是计算机辅助教学的全部特点。

(二)广义的概念

从广义的角度来理解,计算机辅助教学就是把计算机辅助教学看作一种教学的媒体形式,这种教学的媒体形式可以丰富教学途径和方法,并且可以提高整个教学过程的质量和效果。利用计算机来丰富课堂教学方式,可以有效地促进整个教育体系的完善,帮助课堂教学方式向着更好的方向发展。这种把教学过程和计算机互相结合起来的方式,对整个教学过程起到了一个优化的作用,因此,就可以把这个过程定义为计算机辅助教学。

(三)计算机辅助教学的实践内容

1.计算机辅助教学的具体方式

当前,一般学校主要采用的一种课堂教学形式就是教师面对学生进行教学,这种教学的形式已经存在了上千年,它有它存在的价值和意义。因为在教师教育学生的过程中,教师和学生的互相交流是非常重要的,同时学生和学生之间的互相学习也是必不可少的,这种人与人之间情感上的影响和互动是计算机无法取代的,所以计算机只能成为一个辅助的角色来为这种教学形式进行服务。计算机辅助教学是可以帮助教师提升教学质量的，但是计算机辅助教学不一定要仅仅体现在课堂上。我们都知道教师给学生传授知识的过程分为：学生预习，教师备课，课堂传授知识。在这个过程中，计算机辅助教学完全可以针对这个过程的单个环节来进行服务和帮助，例如，在教师进行备课的这个环节，计算机完全可以提供一些专门的备课软件以及系统，虽然这种备课的软件服务的是教师，但是它却可以有效地提升教师备课的效率和质量，使得教师可以更好地来安排授课的内容，这其实也是从另外一个角度来对学生进行服务，因为教师的备课效率提高，最终收益的还是学生。再比如说，计算机针对学生预习和自习这个环节来进行服务和帮助，可以把教师的一些想法和考虑与计算机的相关教学软件结合起来，使得学生在利用计算机进行自习和预习的时候也得到了教师的教育。这样一来就使得学生的自习和预习的效率和质量可以得到很大的提高。

2. 无软件计算机辅助教学

利用计算进行辅助教学是需要一些专门的教学软件的，但是一些学校因为资金缺乏或者其他方面的原因，课堂上的教学软件没有得到足够的资金或技术支持，一些内容没有得到及时的更新和优化。这就使得一些学校出现了利用计算机系统常用软件来进行计算机辅助教学的情况。例如，一些学校利用 Office 的 Word 软件作为学生写作练习的辅助工具，学生利用 Word 软件来进行写作练习，可以极大地提升写作的效率和质量，这样一来就可以使得学生在课堂上有更多的时间来听教师的讲解，并且在学生写作的过程中，可以帮助学生保持写作的专注度，使得写作的思路更加的顺畅，在提升学生思维能力的同时，也提升了学生的打字能力，促进了学生综合能力的提高。这种计算机辅助教学的形式也是很多学校在实践的过程中会用到的。

3. 计算机和学生进行互动教学

这种计算机辅助教学的方式就是利用计算机和学生的互动来进行辅

助教学，这种辅助教学方式把网络作为基础，利用相关的教学软件来具体地辅助教学过程。针对不同学生和教师的具体需求，采用个性化的教学软件来进行服务以及配合，体现出计算机与学生进行互动的能力。另外，这种利用网络远程教学的形式特别适合现今一些想学习的成人，因为成人具备一定的知识选择能力以及自我控制能力，这种人机互动的计算机辅助教学方式特别适合他们这类人群。这种人机互动的教学模式也是未来教育发展的一个主要方向，它可以使得更多对知识有需要的人更容易、更方便地参与到学习中来。当然这种形式还需要长期的实践来作为经验基础。但是，我们也要认识到计算机辅助教学不是教学的全部，它只是对教学起到一个辅助的作用，我们应该把计算机辅助教学放在一个合理的位置上去看待它，不应该过度依赖计算机辅助教学。

（四）计算机辅助教学的特点

计算机辅助教学，尤其是多媒体计算机辅助教学具有如下特点。

1.科学性强

计算机辅助教学中的教学软件是经过优秀学科教师与课件制作人员的共同努力编制而成的，并有严格的评测标准，因而可以避免因单名教师个人条件限制所带来的教学水平差异，保证了教学的科学性。

2.形象生动，启发学生思维，激发学生学习兴趣

计算机具有集成文本、图像、影像、声音及动画等多种信息的功能，组成图、文、声、像并茂的演播系统，实现多媒体组合的视、听、动结合教学方法，使学生脑、眼、耳、口、手并用，全方位地吸引学生，增加学生的信息获取量，使课堂教学更为生动活泼，弥补传统教学在时间、空间等方面的不足，激发学生的思维和学习兴趣。同时又可作为常规教学的辅助手段指导学生自学或测验，进行求解习题、模拟实验等活动。

3.增大课堂信息量，提高学习效率

运用多媒体技术的存储功能，根据需要把一些图形、题目、分析或解

答过程及所需板书、板画、作业等内容制成课件，预先存储在计算机中或U盘上，在教学中、课堂上适时地在学生面前再现、展示出来，节省课堂板书的时间，在相同的45分钟内，呈现更多清楚规范、图文并茂的知识，开阔学生视野，扩大课堂信息容量，从而让学生在规定的时间内轻轻松松地学到更多的知识。

利用计算机高速处理信息的特点，在课堂上快速、准确地进行作图，为课堂增加知识容量。通过计算机软件，教师对教学目标信息实现实时控制，逼真地模拟一些过程、现象和事件，极大地调动了学生的学习积极性；计算机辅助教学提供的多层次练习、问题求解等多种传授知识的方式，有利于培养学生的批判性思维和创造性思维能力，丰富教学手段，拓展师生交流的渠道，提高课堂教学效率。

4. 交互性强，便于因材施教

学生是有着丰富的心理活动，时刻处于成长变化中的个体。多媒体计算机辅助教学是通过学生与计算机之间双向通信的交互活动进行教学的。计算机辅助教学的交互性使学生始终处于一种积极、主动的精神状态，不像被动受教时那么容易疲劳和受干扰，从而可以取得较好的教学效果。为学生在课堂上增加视、听、说的机会，还深入地触及学生的更高层次的心理活动，如表象、记忆、思维和情绪等。教师可以根据学生个别差异，从实际出发，选择适当的教学设置，灵活安排进度。如通过直观形象的视觉刺激手段传递信息以满足视觉型学习群体的信息偏爱，通过交互性的课堂活动激发外向型学习群体的学习兴趣，利用计算机辅助手段发挥触觉型或操作型学习者在“做中学”的优势；并能根据学习者的要求选择教学内容、控制学习节奏、及时反馈教学信息，充分调动学生的学习积极性，缩短学习时间，从而达到因人而异、因材施教的目的。

三、计算机管理教学

计算机管理教学是以计算机为主要处理手段所进行的教学管理活

动，包括用计算机帮助教师监测和评价学生的学习进展情况；收集反映学生学习的各种信息；提供帮助教学决策的信息；指导学生的学习过程；存放和管理教学材料、教学计划及学生成绩记录，并向教师作出报告等内容。

计算机管理教学的作用主要是为每个学生制订学习计划，并提供学习进展报告，存放和管理教学材料，以供师生选用或按学生进度进行教学；对学生能力和学习进度进行分析评价，以给出合理的方案，对学生进行补救或加以辅导，帮助学生更好地掌握所学知识。

在计算机管理教学中计算机呈现和处理的主要不是直接的教学内容信息，而是关于学生学习状态的信息及教学控制信息。常见的计算机管理教学系统有计算机教学监控系统、计算机课堂信息处理系统及计算机辅助测验系统等。

(一)计算机教学监控系统

计算机教学监控系统是一种对学生个别化学习活动进行检测、控制与管理、引导以及评价，同时为教师提供各种报告和服务的计算机管理教学系统。该类系统应用能够对学生学习活动进行控制与管理，包括检测学习能力，据此引导学生选择合适的内容；对学习行为和学习数据进行跟踪和记录，并据此诊断和评价其是否达到目标，有什么问题，提供后续学习建议等。

(二)课堂信息处理系统

课堂信息处理系统是一种能自动采集、分析和处理课堂教学中学生反应数据实时信息的系统。教师可以根据此系统提供的学生学习反应曲线，迅速判断教学项目或学生中存在的问题，对教学做出调整。早期这种系统需要特殊的硬件支持，学生需人手一台反应器，通过终端接口接入计算机，用专门软件进行处理，以生成直观的结果数据。目前已经开发出了基于移动设备的系统，可以通过学生智能手机及教室内 Wi-Fi 或蓝牙协议接入计算机，达到同样的功能。

（三）计算机辅助测验

计算机辅助测验（Computer Assisted Testing，CAT）是一种借助计算机和相应软件来优化教育教学效果评测的系统。CAT可能在教学测试的全过程都能起到作用。如在测验题目的编制中，利用题库系统，教师通过输入题型、难度等要求，系统可以迅速地组卷。学生则可以在计算机上通过专门系统答题，系统可以自动地给出评断结果，并给学生提供相应的学习建议。

（四）电子绩效支持系统

电子绩效支持系统（Electronic Performance Support System，EPSS）是一种在整个共同体或组织内获取、储存和散布个人的和共同的知识资产，促进组织内隐性知识向显性知识转化，零散信息汇聚整理为知识，从而最大化个人和组织的知识，提高绩效的系统。通常EPSS由信息库、学习经验、内置的指导和帮助工具、专家顾问和定制工具等构成，能为个人和组织管理者提供各种帮助。

需要说明的是，计算机辅助教学和计算机管理教学并不能完全分开。一个良好的计算机管理教学应该具有一定的学习管理功能，如诊断学生学习起点、给出适合学生个体学情的学习指导、记录学生学习轨迹，并据此发现学生在学习过程中存在的问题，从而给出学习校正，最后对学习做出评价等。

四、其他相关概念

随着教育理论与计算机技术的发展，在计算机辅助教育、计算机辅助教学及计算机管理教学的基础上又产生了一些新的术语。

（一）计算机辅助学习

计算机辅助学习（computer assisted learning，CAL），其含义与计算机辅助教学接近，但是计算机辅助学习更强调计算机辅助学习者的自主学习。

(二)计算机辅助训练

计算机辅助训练(computer assisted training,CAT),其主要指计算机在技能训练中的应用,特点是学习目标明确,侧重于操作能力和应变能力的培养和训练。

(三)计算机支持的合作学习

计算机支持的合作学习(computer supported cooperative learning,CSCL),其主要指利用计算机促进学习者之间的交流和合作,一般表现为在网络环境下,学习者不受地域和时间的限制而进行小组讨论、小组课题研究等合作性学习活动。

(四)数字化学习

数字化学习(E-Learning)是信息化社会的一种新兴教育理念。它不仅是对传统教育的革新,而且是现代学校教育的有机组成部分,是实现社会化学习和终身教育的一种支撑方式。

以上术语的产生,表明计算机辅助教育已经不再是传统教育的辅助手段,而成为不受时间、地点和方式限制的自主学习手段,是教育因技术而变革的重要标志。

第二节 计算机辅助教学的发展

1946 年 2 月 14 日,世界上第一台电子计算机 ENIAC 在美国宾夕法尼亚大学诞生。1958 年第一个计算机辅助教学系统由美国 IBM 公司的沃斯顿实验室设计研发完成,开辟了人类利用计算机进行辅助教学的先河,从此以后计算机在教育教学中的应用蓬勃发展。

一、国外计算机辅助教学发展概述

从第一个计算机辅助教学系统诞生算起,国外计算机辅助教学的发展历程可以分为以下几个有代表性的阶段。

(一)1958年至1975年是计算机辅助教学的兴起阶段

在这一阶段中,计算机辅助教学还是各个大学和研究机构探索与研究的内容。在这一阶段,最具代表性的国家是美国。

1958年,美国IBM公司首先研制成功了用于计算机辅助教学的系统,该系统以一台IBM650计算机为核心,以一台打字机作为教学终端,可以教授小学生二进制算术。

1960年,美国伊利诺伊大学研制出了PLATO-I(Programmed Learning andTeaching Operation-I)系统,该系统在20世纪70年代中期发展到PLATO-IV系统。PLATO-IV系统以两台CDC公司生产的大型计算机为中心,通过数据通信网络与1000多个终端连接,形成了区域性的大型计算机辅助教学网络系统,其终端分布于200多个地区,存储了150个专业、大约7000学时的教学资源,内容涉及数学、物理、化学、天文、历史、地理、语言等众多学科门类;该系统一年可以实现1000万人次的教学能力,其规模相当于拥有24000名学生的大学。该系统所采用的基本教学方式是让学生对计算机提出的问题进行回答,学生回答时可以触摸屏幕上的适当部位或按下键盘上的相关按键。1972年,在美国国家科学基金会的资助下,美国MITRE公司与得克萨斯大学及杨伯翰大学共同合作,开发了TICCIT(Time-shared Interactive Computer-Controlled Instructional Television System)系统。在该系统中,计算机与经过改装的带有键盘的有线电视机相结合,主要用于小范围的语言教学。

在此期间,世界上一些发达国家,如英国、日本、法国等,也都相继建立了专门的研究机构并进行了一系列有关计算机辅助教学的研究。

在这一阶段,程序教学思想占统治地位,产生了如斯金纳、普莱西、克劳德及凯伊程序教学模式。由于这一阶段的计算机辅助教学是基于程序教学思想发展起来的,而且其理论基础基本上来源于行为主义学习理论,按照这种理论设计出来的计算机辅助教学系统常常会忽略学生学习的主观能动性,因此这一阶段的计算机辅助教学系统还很不完善。

需要指出的是,在这个阶段,智能计算机辅助教学系统得到了一定的发展，有代表性的智能计算机辅助教学系统是1970年由卡玻耐尔（J.R.Carbonel）研制的SCHOLAR系统，其主要用于教授南美洲地理，利用该系统，学生可以提出问题，系统自动给予回答。

由于当时还处于大型计算机系统阶段，因此计算机主要是在一些大学、科研机构使用，普通学校和个人一般不使用计算机，因此计算机辅助教学的应用并不普及。

（二）1976年至20世纪80年代为计算机辅助教学形成阶段

由于个人计算机（PC）的出现，计算机进入普通学校和家庭成为可能，其教育应用的价值得以展现。20世纪80年代中期，美国高校掀起了名为“高等教育的计算机革命”的计算机应用高潮，各类学校纷纷尝试用计算机辅助教学来提高学生的思维水平。1989年美国霍普金斯大学的一项调查报告显示，当年美国很多学科的计算机辅助教学率都达到了1/3以上。

在这一阶段，认知主义学习理论等相关的教育理论也得到了发展，并开始应用于计算机辅助教学。与此同时，计算机开始向微型机和巨型机两个方向发展，分布式计算机系统、通信网络系统以及数据库系统也逐步发展起来，这都大大地促进了计算机辅助教学系统的应用。

（三）1990年至2000年为计算机辅助教学普及应用阶段

进入20世纪90年代，网络化教育在全球范围内逐步普及开来。美国几乎所有的大学都建立了校园网。1996年，当时的美国总统克林顿提出了“教育技术行动纲领”（Education Technology Initiative），内容包括到2000年，全美国的每间教室与图书馆都联通信息高速公路，使每个美国孩子都能够在21世纪受到教育。该行动纲领还着重提到实现这一目标的四个支柱，包括：每个学生都能使用计算机；每个教室都能联到Internet上；能够整合课程中的优秀教育软件；鼓励愿意使用和善于使用新技术进行教学的教师。

英国从1989年开始在全国高校实施了一项名为“计算机用于教学创新”（Computers In Teaching Initiative，CTI）的项目，该项目所要实现的目标是:通过计算机、多媒体与远程通信技术的结合,实现对高校所有学科从教学模式、教学内容到教学组织形式的彻底变革。这个项目对英国的高等教育产生了深刻的影响。

在这一阶段,与计算机辅助教学相关的教育理论和信息技术,如认知主义学习理论、建构主义学习理论、人工智能理论、软件开发与设计理论等得到了进一步的发展。

认知主义学习理论应用于计算机辅助教学,表明计算机辅助教学进入了集成教育学、心理学、人工智能等多个学科的综合发展阶段。尤其是人工智能的发展,为智能计算机辅助教学系统的开发与应用奠定了良好的基础。

软件开发与设计理论,尤其是软件工程理论以及面向对象程序设计理论的发展与应用,使得计算机辅助教学系统的开发得以按照工程化的方法进行,从而大大地降低了系统的开发成本,缩短了开发周期,提高了开发质量。

由于计算机网络应用的普及,人们逐步突破了早期的程序教学思想,开始尝试依据建构主义学习理论来开发与设计计算机辅助教学系统。建构主义学习理论强调以“学”中心,将以往的以“教”为主的教学过程转变为以“学”为主的学习过程,从而改变了计算机辅助教学的指导思想。

(四)21 世纪为计算机辅助教学深入发展阶段

进入 21 世纪,随着计算机网络技术和多媒体技术的蓬勃发展,计算机辅助教学广泛应用于教学的各个环节,其已经成为当代教育教学的重要组成部分。

二、我国计算机辅助教学发展概述

我国计算机辅助教学的发展起步比较晚,从总体上来说,可以将我国计算机辅助教学的发展按照时间顺序分为以下几个阶段。

(一)20 世纪 70 年代后期至 20 世纪 80 年代中期为起步阶段

我国的计算机辅助教学起步于 20 世纪 70 年代后期。那时,我国的一些学者开始关注并尝试进行计算机辅助教学的研究工作。这期间的研究工作主要以介绍国外计算机辅助教学的经验和理论为主。在当时硬件设备有限的条件下,尝试引进国外的研究成果和教学软件。

北京师范大学、华东师范大学于1978年率先成立了教育技术研究所,并开始开展计算机辅助教学方面的研究工作。1980年华东师范大学开始研制计算机辅助Basic语言教学系统并且取得了成功。此外,我国其他一些高等师范学校也开始了相关的尝试与研究。

(二)20世纪80年代后期至20世纪90年代初期为形成与推广阶段

为了满足计算机辅助教学发展的需要,1986年国家教育委员会基础教育司成立了"全国中小学计算机教育研究中心",常设机构分别设立在北京师范大学(北京研究部)和华东师范大学(上海研究部),专门负责中小学计算机辅助教学的研究与应用工作,并在全国范围内组织计算机辅助教学系统的开发、评审和推广。在此期间,全国有上千种中小学教学软件被开发出来,并在全国中小学得到了广泛应用。此外,统计数据表明,当时我国中小学计算机总量达6万台以上。

同是1986年,全国计算机辅助教育学会成立并开展了一系列研究活动,推动了我国计算机辅助教学理论与实践的发展。1987年,我国"七五"国家科技攻关计划中列了两项计算机辅助教学方面的课题,一项针对高等学校,另一项针对中小学校。

在这一阶段,我国关于计算机辅助教学理论的研究与实践都有了很大的发展。在计算机辅助教学理论研究方面,普遍认为认知过程是学习者积极主动地建构对知识理解的过程,学习是一种"调节—平衡的反复"的认知模式,学习的结果是认知结构的重新组合和更新。计算机辅助教学的主要目的是培养学习者分析问题、解决问题的能力,培养学习者探索知识的能力和创造性思维。依照认知主义学习理论进行计算机辅助教学,可以充分考虑学习者的知识结构和认知能力,注重其与学习环境的相互作用,通过创建特定的问题情境,引导学习者进行问题求解。与基于行为主义学习理论的计算机辅助教学系统相比，基于认知主义学习理论的计算机辅助教学系统无论从教学目标、结构设计还是软件类型方面都有了质的改变。在这一理论影响下，“问题求解型”计算机辅助教学系统成为我国当时最普遍的教学软件类型。

（三）20 世纪 90 年代为快速发展与普及阶段

1990 年以后，随着个人计算机的普及与国家在政策上的支持，全国计算机教学应用出现了前所未有的热潮，各类学校开始开设计算机普及课程并尝试运用计算机辅助教学。1993 年和 1994 年，国家教育委员会高等教育司分别组织高等工科学校和高等理科学校成立计算机辅助教学协作组，组织和指导高等学校计算机辅助教学的研究和应用工作。《中国电化教育》《电化教育研究》等期刊也设立了“微机教学”“计算机辅助教育”等栏目，支持计算机辅助教学的普及与发展。

20 世纪 90 年代中期后，Internet 的崛起使得计算机辅助教学从单机时代走向了网络时代。大中小学教师积极参与研发计算机辅助教学系统，许多科研机构及企业也纷纷加入计算机辅助教学系统开发的行列，大批系列化、商品化的教育软件推向市场；各级各类学校、各学科教学纷纷采用计算机辅助教学。这一切使得计算机辅助教学的发展进入了一个全新的阶段。

为了适应多元化的教学模式，计算机辅助教学需要有不同的模式。针对这个问题，我国学者对计算机辅助教学系统类型进行了深入的探索与研究，并于 1997 年提出了积件的思想，对当时我国计算机辅助教学的发展起到了积极的作用。积件的核心为把教学内容以知识点为单位保存于积件库中，同时提供一个简单易用的组合平台。利用这个组合平台，教师即使不懂编程也能够按照自己的思路，像组装积木一样把从积件库中选出来的基元组装成教学用的课件。

在这一阶段，多媒体技术、网络技术和超文本技术是计算机辅助教学系统所采用的主要技术。多媒体技术使教学信息能够以文本、图像、声音、动画和视频等形式呈现，网络技术使合作学习成为可能，而超文本技术更加适合人类的思维特点。这些技术的应用为计算机辅助教学进一步的发展奠定了基础。

在理论方面，建构主义学习理论与计算机辅助教学的相互结合、相互影响，既使建构主义学习理论得以完善与发展，又进一步推进了计算机辅助教学系统的开发与应用。建构主义学习理论是在认知主义学习理论的基础上发展而来的，其强调“情境”“协商”“会话”和“意义建构”，强调以“学”为主，这非常适合计算机辅助教学。因此，20 世纪 90 年代中后期计算机辅助教学的主要模式都强调“建构”。这些模式强调设置一定的学习情境，突出学习者的主体地位和合作学习对于意义建构的关键作用等。

（四）21 世纪以后为深入应用阶段

进入 21 世纪，我国的计算机辅助教学进入了蓬勃发展与深入应用阶段。许多学科的教学普遍开始采用计算机辅助教学手段。目前，计算机辅助教学已经成为教育教学必不可少的组成部分，是现代教育技术的核心，运用与掌握计算机辅助教学的相关理论和技术已经成为广大教师与学生的基本能力。

第三节　计算机辅助教学的基本形式

一、课堂演示型

课堂演示型教学形式是计算机辅助教学技术与传统课堂教学相结合的产物，利用计算机作为演示工具来克服传统教学中存在的一些问题，起到用计算机辅助教学的目的。这种教学形式以教师在课堂上操作计算机来运行课件，通过投影屏幕向学生展示教学内容为特征。

教师利用计算机进行课堂演示教学的优势在于：一方面，多媒体计算机能展示文字、符号、图片、表现过程的影视和动画等多媒体的教学内容，引起学生的兴趣，调动学生多种感官共同参与学习，从而提高教学的效果；另一方面，计算机在展示不同教学内容的切换方面更加灵活方便，使教学环节的衔接更加紧密，从而能大大节约教学时间，提高教学的效率。在计算机辅助教学的演示型教学中，计算机辅助教学侧重于辅助教师的“教”，教师事先将需要讲解的教学内容做成电子幻灯片或其他形式的课件，在教学过程中按事先设计好的顺序来演示，也可以根据课堂的实际情况调整演示的内容和顺序。

课堂演示型教学利用一套设备面向全班学生进行教学，资金投入较少，课件制作简单。教学过程较易控制，和传统的课堂教学方式和其他电教手段相比，具有更大的优势，是不少学校和教师开展计算机辅助教学的首选教学形式。其实，严格来说，这种教学形式只是计算机辅助教学比较初级的形式，距离计算机辅助教学的实质内容还有很大的差距，因为计算机辅助教学强调的是交互性的教学，强调针对学生特点的个别化教学，而演示型教学面向全体学生，难以做到交互性和个别化教学。而且，由于教学信息量的加大，教学节奏的加快，教师比较关注计算机的操作和演示，与学生的交流和沟通较少，使得演示型教学更容易使人产生“满堂灌”的感觉，这是需要在进行演示型教学时尽量避免的。由于教学条件的限制和多年来形成的教学指导思想、教学习惯的影响，在未来很长一段时间内，课堂演示型教学模式仍然是计算机辅助教学的主要形式。

多媒体（投影）教室由一台多媒体计算机、投影机、幕布和扩音系统等设备构成。计算机辅助教学用的计算机可以是台式的多媒体计算机，也可以是笔记本电脑。台式的多媒体计算机价格便宜，但可移动性不强，基本上只能固定在一个地点使用。笔记本电脑价格较贵，但可移动性较强，可以在不同的地点使用。无论是台式计算机还是笔记本电脑，采用市场上主流的多媒体计算机配置即可，但为了教学使用的方便，一般来说需要配置软盘驱动器和 DVD-ROM 光驱，还需要有 USB 接口等。

一种用于课堂演示教学的基本教学设施是多媒体（投影）教室。计算机辅助教学用的投影机可以是悬挂式投影机，也可以是便携式投影机。悬挂式投影机一般固定在教室的天花板上，投影的位置固定，投影的幕布位置也是固定的，使用时投影的位置、焦距等一般不需要重新调节。便携式投影机适合于不同地点的使用，但使用时往往需要重新调节投影机的位置、焦距等参数。投影幕布是与投影机配套使用的重要工具，其质量的好坏会直接影响到投影的效果。在没有投影幕布的情况下，也可投影到白色干净的墙面上。

在固定式的投影系统中，往往在教室的前端安装有操作控制用的控制台，在控制台上有电源按钮、视频、音频的输入接口，用来控制计算机和其他相关设备的连接、操作和显示。在一般情况下，控制台已和一台台式计算机相连，如果要连接其他外部视频和音频设备，则需要将这些设备通过视频、音频的输入接口，用相应的视频线和音频线相连。经常需要连接的外部设备是笔记本电脑，笔记本电脑一般有自带的音频线，但不提供视频线，需要在使用前准备好，否则无法使用笔记本电脑。

二、以 Internet 为基础的远程型

以 Internet 为基础的远程型网络教学，是建立在 Internet 信息基础设施上的教学形式。这种教学形式与电子教室的主要区别在于教师位于与学生较远的地点，教学信息以及与学生的交互交流需要通过远程网络来进行，因此，对网络的性能要求较高，一般需要通过宽带网络来进行。远程型网络教学突破了时间和空间的限制，使同一时间不同地点或者同一地点不同时间，或者不同时间不同地点的人能够共享教学资源，特别是优质的教学资源，并在相互之间进行双向的交流，极大地提高了教学的效益。

远程型网络教学，有实时远程网络教学和非实时的远程网络教学之分。实时远程网络教学是在同一时间不同地点之间进行的网络教学，是建立在能够提供视频会议、协同课件、电子白板等功能设施基础上的网络教学。实时远程网络教学提供一个与现实课堂教学效果相一致的虚拟教学环境，正如学生与教师直接面对面的课堂教学。

非实时的远程网络教学是将相应的教学资源（网络课件）发布在网上，供不同的学习者随时随地地浏览、下载和学习，并通过特定的网络交

互手段与教学资源的提供者进行相互交流，这种交流往往是非实时的。这种网络教学的学生采用“自主学习”的模式，教师和学生处于分离状态。

三、自主学习型

自主学习型教学形式是计算机辅助教学的高级形式，对教师和学生的要求都比较高。教师的任务主要是根据学生的特点制作相应的课件，学生的主要任务是在教师的指导下根据自身的特点自主选择相应的教学内容，也可以利用网络资源和其他电子出版物进行自学。在自主学习型教学模式中，学生自主选择教学内容、教学进程，有利于学生学习主动性、积极性的发挥，也有利于学生创新能力的培养，但也容易在教学内容的选择上偏离教学目标的要求，在教学的进程控制中迷失航向，特别是利用网络资源进行的自主学习。这就要求教师对学生的自主学习提出明确的要求，并提供相应的选题，在课件的设计上充分考虑学生的认知规律和学习规律；在教学内容编排上力求系统性和完整性；在相关知识点的联系上要设计超级链接；在交互和导航设置上要有明确的提示，尽可能多地利用多种导航和交互手段，保证学生在使用课件学习时不迷失方向。

四、操练与练习型

操练与练习型系统可用在课堂教学情景中，当然更可方便地使用在学习者任何可能的时候，供其自主地练习巩固。其所提供的教学方式是逐个或一批批地向学生提出问题，当学生输入回答后，计算机判断其正确情况，并根据学生回答的情况给予相应反馈，以促进学生掌握某种知识与技能技巧。通常，当学生答对时，计算机予以适当鼓励，强化学生的理解与记忆；当学生答错时，计算机给予适当提示帮助，或者让学生再试一遍，直到学生对该知识或技能的掌握达到要求为止。

操练与练习系统的教学使用方式都是通过大量的计算机提问—学生回答—计算机判断反馈—学生修正再回答，使学生建立起问题与回答之间的牢固联系，从而理解与掌握该项知识与技能技巧。操练与练习型系统充分发挥了计算机巨大的存储容量和快速处理能力，实现大量的重复训练。

五、个别授导学习型

个别授导学习系统提供的教学方式比较精巧，包括呈现各种形式的教学材料（概念叙述、公式、规则、例子、说明等）和提问、回答与判断反馈等各个方面。它通过仔细安排的人机会话，使学生处于一种个别指导方式的教学环境下进行学习，以达到预定的教学目标。通常，个别授导型课件把教学过程分解为许多很小的教学单元，每个单元进行一项最基本的教学活动（叙述一个概念、举一个例子、说明一个公式、提一个问题并对学生回答做出反应等），达到一个最起码的小目标。课件把这些简单的教学单元按照教学顺序和教学策略有机地组织成一系列有计划的教学活动，达到整个课件的教学目标。这种课件的作用是模拟和代替教师（特别是家庭教师）向学生进行讲授、指导与帮助。优秀的个别授导学习系统应该依据分类教学设计的原则，针对所授学习任务的类型不同，给予不同的教学处理。

个别授导学习系统有不同的结构类型，最简单的是一系列教学内容的显示，就像计算机在替学生翻书本一样，常被称为翻页器，被许多教育学家所否定。而另外一种常见结构，包括一系列内容显示、提问及判断、反馈、诊断性提问、补救性反馈等许多功能模块。内容的系列显示是以各种方式（图形、文字和动画）向学生传授公式、概念、规律等新知识，使学生对新知识有一定的认识和了解。在传授一段教学内容之后，课件围绕所传授的知识提出一些问题，并判断学生的回答是否正确。如果学生的回答达到预期目标，则进行适当鼓励后进入下一轮教学活动；如果学生的回答未曾预料到或是学生对预先所设置的一般性反馈不满足时，则进入诊断性提问。

诊断性提问的目的是发现学生未能达到预期目标的原因。这些原因可能是：偶然性失误，如按错键、拼写错等，这时只需进行简单纠正就可以放过学生；对新知识的误解，这时就需要给出针对性较强的反馈，对学生进行帮助；未能牢固掌握过去所学知识，这时就需要帮助学生复习或提出适当的建议。例如，当发现学生解二元一次方程组有着经常性错误时，可以安排一些一元一次方程求解问题，检查学生是否由于没有熟练一元一次方程的求解而造成上述错误，也可以出一些代数式乘除法，检查是否存在别的什么原因。

个别授导学习系统的应用方式主要是个别化学习方式，即让学生在家庭或计算机教室使用该类教学软件，自己阅读屏幕显示内容，与系统进行交互，按照所提问题进行思考与回答，观看其反馈信息，并进一步接受指导，理解所学知识。这种计算机辅助教学类型可以充分发挥个别化教学的特点，形成以学生个人为中心的教学环境，有非常大的作用，是一种值得大力推广的类型。但其开发要求有高度的人机交互技术应用，并且要进行良好的教学设计，一般教师并不能容易地掌握。

六、学习模拟型

学习模拟系统利用计算机模拟自然科学或社会科学的某些规律，产生各种与现实世界相类似的现象，供学生认识和理解。例如，一个用于让学生理解月相的形成原理的学习模拟型课件。这种类型的CAI系统可很好地被用来培训工作人员的实际操作能力，使他们在进行一些可能是危险的实际操作之前先受到一定程度的训练，以避免和减少不必要的伤害和损失。又如CAI软件《化学实验室》向学生提供了各种模拟的实验器具和材料，包括烧杯、干燥器、气体收集器、酒精灯等和各类化学物品。学生用键盘操作实验，如挑选化学物品，使用各种器具，进行混合、搅拌、过滤、加热……若操作不当，如把水倒入浓硫酸中，计算机就会形象地发生“爆炸”，告诉学生不能这样操作，使学生记住操作规范。

学习模拟系统的主要成分是“场景”。场景是通过图形、数字、文字等向学生呈现各种蕴含着所要达到的教学目标（规律、原理、公式等）的现象。例如，在讲生态平衡规律时可用一个小岛上动植物分布情况来作为场景；在教商品经济规律时，可以用不同天气情况与不同价格的冷饮销售量作为场景。当学生输入一些命令(如砍掉50%的松树或是宣布保护森林禁止砍伐)时，计算机就会进行分析处理，预测并显示出一年后小岛上的生态分布情况(新场景)。

在使用模拟型课件的教学活动中，学生输入的选择无所谓正确与错误，对其反馈只是场景中的某些变化或整个场景的更换，学生的选择无所谓“对”或“错”，而是通过观察、思考与操作，自己去得出结论。这种学习不仅可以帮助学生更好地理解、记忆知识，还可以提高学生的综合分析能力，培养学生良好的思维品质。

七、教学游戏型

教学游戏的教学方式是寓教学于游戏之中。该类计算机辅助教学提供和控制一种富有趣味性和竞争性的教学环境，激发学生的学习动机，使学生在富有教学意义而且教学目标明确的游戏活动中得到训练或是有所发现，取得积极的教育效果。这种教学方式，有着明确的教学目标和具体的教学内容，并且含有经过仔细考虑的教学策略。不能将其等同于那些以娱乐为目标的电子游戏。教学游戏型系统应该具有如下一些要素。

第一，一个竞争目标，即从初始状态出发，经过游戏参与者的决策和动作(输入)，最后一定能够达到的胜负(或平局)状态。

第二，两方以上的游戏参与者，其中的一方可以由计算机扮演。

第三，游戏规则，即游戏参与者采取决策和动作时所必须遵守的规则约定，规则应包含所要达到的教学目标，所要教学的规律与知识，例如，计算游戏应符合计算规则、语言游戏应符合语法或词法规则、化学实验游戏应符合化学实验操作规则等。

第四，结束时间，即游戏应在有限时间内到达目标状态，而不是无休止地一直继续下去。

除此以外，大多数教学游戏还有着随机变化和形象生动的特点，使此种计算机辅助教学系统的教学活动更为活泼多变。

八、问题求解型

问题求解型模式的计算机辅助教学有着广泛的学习形态。最简单的一种是让学生利用计算机作为解题工具，进行计算和方案的比较等，以发展学生解决问题的能力。例如，让学生使用家庭设计软件包把自己的房间装潢设计方案输入计算机内，在屏幕上从各个角度观察装潢设计的效果，而且还可以在计算机上修改方案，直到满意为止。这样，学生就学会了装潢设计的基本能力。

例如，某学校让学生使用数据库管理系统去编制地理知识数据库，可以查询各地区大城市、湖泊、最高的山峰、人口等。学生在编制数据库的过程中，学会了收集和整理资料、选取信息和建立信息间的关系与联系（例如，上海属于中国、中国属于亚洲，因此上海属于亚洲等）。而这些正是问题求解能力的重要部分。

另一种类型是让学生使用已制作好的软件包，这种软件包也称为问题求解型课件。例如，某个化学反应的计算问题求解软件包的使用过程，此化学反应过程中需要收集的信息有反应式及摩尔数、生成热等，可以算出热功、热增量、自由能等结果。

九、MOOC

MOOC 是大型开放式网络课程（Massive Open Online Courses）的缩写。目前有 Coursera、Udacity、ed X 三个大的课程提供商的 MOOC 课程最为知名。MOOC 的兴起，给更多学生提供了系统学习的可能，也给传统的大学教育带来了强烈的冲击。人们认识到，MOOC 绝对不是计算机信息技术在教育领域的简单应用，而是对传统教育方式的一种比较彻底的解构和革新。它重建了一种没有围墙的、开放的、免费的、全民可以自由参与、多向联通的、立足个性化服务的教育形态与学习新形态，汇聚了当今教育和学习的多种理念、原理。

第二章 计算机辅助教学模式

第一节 教学模式概述

一、教学模式的定义

“模式”一词是外来词，其英文单词为“model”，“模型”“范式”“典型”也是由“model”翻译而来的。“模式”一词，最先并不是运用于教育领域的，美国学者乔伊斯和韦尔将其与教育结合，在《教学模式》一书中，专门系统地研究了各种教学模式。一时间，对教学模式的研究成为教育学者关注的重要课题。

时至今日，对教学模式概念的界定尚未形成统一的认识。乔伊斯和韦尔认为，教学模式是指导教师和学生教与学的范型或计划。这种认识并不全面，只是对教学模式表面的认识，忽略了其所蕴含的教学思想或理论。此后，美国两位著名的比较政治学者比尔和哈德格雷夫对模式的概念进行了总结，认为模式是再现现实的一种理论性的、简化的形式。一是模式是对现实的抽象概括；二是模式是一种理论，而非工艺性方法、方案或计划；三是模式是简化的形式。

我国学者对模式的定义主要有以下几种：一是方法说，有人认为模式就是方法，还有人认为模式是多种方法的综合；二是联系与区别说，即在不同的时间、空间、背景下采取不同的方法，形成不同的空间结构和时间序列，就是不同的模式；三是模式与教学结构说，认为模式与教学结构紧密相连，是在一定的教学思想指导下，对教学客观结构做出的主观选择。

以上几种对模式的定义，在一定程度上虽然反映了模式的本质，但不够科学，因而不能用于对教学模式的科学界定。只有既考虑逻辑学对下定义的要求，又注意吸收诸如系统论等新科学研究成果，研究古今中外教育史上教学模式的发展规律，吸取现代教学模式理论的精华，并对教学经验进行分析、综合后，才能对教学模式进行比较贴切的定义。

一般认为对教学模式的概念进行如下理解较为妥当：教学模式是在一定教学思想或教学理论指导下建立起来的，较为稳定的教学活动结构框架和活动程序。“结构框架”意在凸显教学模式从宏观上把握教学活动整体及各要素之间内部关系的功能；“活动程序”意在突出教学模式的有序性和可行性。

二、教学模式的发展方向

（一）重能力趋势

不同于以洛克为代表的“形式训练”论，以赫尔巴特理论为代表的传统教学论在注重知识传授的同时，肯定了发展能力的意义，但由于认识的局限，其并没有把能力培养放在突出的位置上。随着现代教育的发展，能力培养被教育学者给予了更多的关注，知识与能力成为教学的双重任务。知识传授与能力发展主次的问题，也成为人们探讨的话题。有的人认为教学的过程在于知识的传授，因而教学任务当以传授知识为主；也有人认为知识传授与能力发展并不矛盾，二者可以并重；还有人认为传授知识的目的是提升能力，因而，应将发展能力作为教学的首要任务和基本任务。

持以上三种观点的人分别代表三类派别，即“保守派”“温和派”“激进派”。虽然各派关注的侧重点不同，但有两点是一致的。一是都认可知识与能力的重要性，认为教学中既要传授知识，又要培养能力，尤其是自学能力；二是知识、能力不是独立的个体，二者之间相互联系、相互影响。能力既是学习知识的条件，也是知识的体现，知识既是提升能力的基础，也是动力。

基于以上观点，现代教育家在研究和表达教学模式时无不把发展学生的能力放在重要位置上。尤其是现代社会的不断发展，社会对人才的要求越来越高,能力成为重要的考核指标,是获取竞争优势的关键。无论是学习能力、创造能力、思维能力,抑或协调能力、沟通能力、社交能力、其他能力等,都是个人发展必须具备的能力,对这些能力的培养逐渐被人们所重视。在设计或归纳教学模式时,能力已成为不容忽视的一项内容。

(二)重学生趋势

教学模式服务于教学过程,任何一种教学模式,都是基于教学而设计的。一般的教学模式,尤其是有价值的教学模式,都建立在对学生学习过程的认识上。在这一点上需要注意的是,尽管关注的是学生,但不能因此就认为其承认学生在教学中的主体地位。二者并不是充要条件关系。关心学生的学习,有可能其目的是为教师教学服务。比如,赫尔巴特研究学生的学习,不是为了让学生达到更好的学习效果,而是为了更好地发挥教师在教学过程中的权威作用。

纵观世界各国的教育史,无不经历了轻视教师主导作用、轻视学生主体作用和能动作用的错误过程。随着认识的不断深化,以及教学理念的不断科学化,人们认识到所犯的错误,于是学生地位开始提升。重视学生的主体地位成了当代教学模式的共同特征,一些教学模式甚至直接把承认学生的主体地位和能动作用作为建立和推广自己的理论体系的前提。不论其动机如何,以学生为中心,坚持学生的主体地位,对当前教育领域来说,有着进步意义。

学生主体地位的确立,不仅适用于一般的课堂教学模式,素质教育、终身教育乃至基于网络的计算机教学,都要求发挥学生的主体作用。以学生为中心的教学模式符合教育的发展规律与要求。可以预见,未来教学模式将由教师教学生学,转变为教师引导学生学。

三、教学模式的结构元素

(一)主题

主题是内容的集中体现,教学模式的主题即教学模式所要体现的内容,也可以理解为教学模式所渗透的思想。主题是教学模式存在所依赖的教学思想或理论。主题与其他结构元素的关系是，主题既可以独立于其他结构元素之外，也可以渗透或蕴含在其他结构元素之中。从另一个角度上来说，主题是其他结构元素存在的前提，其他结构元素依据主题而建立。以信息加工教学模式为例，该模式的主题结构元素便是信息加工理论。

（二）目标

任何一项活动的开展，都离不开一定的目标的引导，教学模式也是如此。不同的教学模式指向不同的目标，而教学模式的目标一般与教学活动的目标是一致的。也就是说，任何教学模式的出现都不是无意识的，而都带有特定的目的，都是为完成一定的教学目标。在教学模式的结构元素中，目标处于核心地位，对其他结构元素造成直接影响。如探索教学模式，其目标结构元素是培养学生探索的思维、分析问题的能力；而无指导者教学模式，其目标结构元素是培养学生自主学习能力。

（三）条件

条件是促使教学模式得以最大限度发挥作用的各种因素。在构成教学模式的各个结构元素中，条件是必不可少的，任何教学模式的实施都离不开条件发挥相应的作用。在教学活动中，影响教学模式效果发挥的条件结构元素是多方面的，包括主要参与者教师与学生，还包括教学内容、教学工具、教学方法、教学环境、教学设备等。

（四）程序

教学模式是对教学思想的具体化，因而，必须通过一套与之相符的独特的操作程序将其体现出来。程序便是对教学模式具体实施的过程与步骤的体现，即具体地说明教学的逻辑步骤、各步骤完成的任务等。程序结构元素的设置便于教学模式的操作者按照教学模式的步骤，对该模式进行掌握和实施。如实用主义教学模式，其程序分为情境、问题、假设、解决、验证。操作者可按此步骤，有序完成教学任务。

（五）评价

教学活动的评价是为了检验教与学的效果，通过对评价结果的分析，找出问题与不足，进而改进教学方法，以提高教学质量。评价方法、标准等是评价所包含的一般内容。教学模式的评价结构元素，其作用也大致如此。作为教学模式的一个重要结构元素，其作用不容忽视。不同的教学模式，教学目标、方法各不相同，其所产生的教学效果也是有差异的，因而，评价方法和标准也各异。我们不能用某一教学模式的标准、方法等，去衡量其他教学模式。每一个教学模式都应该设置自己的评价方法和标准。

教学模式的结构元素之间相互依存、相互作用。这五个结构元素构成了一般教学模式的基本框架。至于各部分的内容，则依据教学模式的不同而相应的会有所不同。

第二节　计算机辅助教学模式的特点、发展与类型

在信息化社会背景下，以计算机为代表的多媒体不断运用于教学中。计算机多媒体是通过计算机操作技术向计算机输入指令，借助鼠标、键盘等输出文字、图片、音视频等供人使用的一种形式，其最大特点是人机互动。计算机辅助教学便是借助计算机多媒体课件集声音、文字、动画、视频于一体的特点来服务于教学活动的。这一教学模式的优势，一是节省师生时间，通过课件展示，省去了教师不必要的课堂板书的时间，也省去了学生在课堂上记笔记的时间，基于多媒体课件人机互动的特点，学生能够有效参与课堂练习和实践。二是在计算机辅助教学中，基于教学课件的展示，呈现内容丰富、生动的教学内容，有效吸引了学生的注意力，激发了学生的学习热情，在交互学习中，有助于实现知识的个性化建构。计算机辅助教学模式已成为当代学校教育使用较为广泛的一种教学模式。对该模式的研究具有重要意义。

一、计算机辅助教学模式的特点

计算机辅助教学模式，即在传统的教学过程中，借助计算机多媒体的

相关功能为教学服务的一种教学模式,能够为教学提供人机互动的交互环境,是一种相对来说有进步意义的教学形式。计算机辅助教学模式是对传统教学模式的改革,是一种新型的多媒体教学手段,能够在一定程度上弥补传统教学模式中的不足。其特点主要体现在以下几个方面。

(一)学生获取知识范围的延伸

在传统教学模式下,一方面,受传统教学思想的影响,教师以知识传授为主,所传授知识也仅限于书本知识,与教学内容相关的其他学科知识则涉及较少,学生因此认为只要掌握书本知识即可,很少主动涉猎其他知识;另一方面,受条件的限制,学生获取知识的途径有限,主要通过教师讲授或是以书本或学习资料为主。计算机辅助教学模式作为一种新型的教学模式,在强调知识的同时,能力培养也被提升到重要位置。

计算机辅助教学模式是一种以学生为中心,以培养学生自主学习能力为核心的教学模式。在这一教学模式的引导下,教师、教材不再是学生获取知识的主要途径。计算机的网络化为学生获取丰富知识提供了便利条件。通过课件、光盘和网络学习,学生视野得以开阔,学习积极性不断提升。与传统教学模式中以教师讲授为主相比,计算机辅助教学模式摒弃了对知识的灌输,而强调对学生能力的培养,即突出学生分析和解决问题的综合能力、思维能力与创新能力。此外,在信息化社会,知识更新速度快,教师和学生都需要不断学习,终身教育将成为教育发展的趋势。

(二)学生学习方式的转变

在传统教学模式中,课堂教学以教师讲、学生听为主,这是一种典型的知识灌输与被动学习的过程,不利于学生能动性和积极性的发挥。而计算机辅助教学模式突破了传统教学模式的弊端,在教学过程中重视学生的个性差异,强调以学生为中心的教学活动。计算机辅助教学模式为学生提供了便于交流互动的良好环境,不仅丰富了教学内容,改变了传统课堂教学活动的沉闷与单调,多种形式的交互,还使教学活动变得生动、富有活力。学生的能动性与学习热情得以激发。

此外。计算机辅助教学模式赋予了学生更多的自主性,借助网络资源共享的优势，除了正常的课堂教学以外，在课外教师也可共享更多的教学资源，供学生参考、学习，学生能够根据自身兴趣、特长、能力等自主选择学习内容，灵活安排学习时间与控制学习进度，还可以通过网络交流平台，与教师或其他学生分享学习心得，或寻求帮助等，从而获得能力的提升。这些都是在计算机辅助教学模式下能够完成的。与传统教学模式学生在学习过程中处于“等、靠”的被动状态相比，计算机辅助教学模式激发了学生学习的积极性，使学习变成学生主动的行为。

（三）教师教学职能的转变

传统教学模式使教师教学因循守旧，按部就班地对学生进行机械式的知识传授。计算机辅助教学模式在教学中的应用，不仅丰富了教学手段，解放了教师的双手，也改变了教师的教学思想，使教师职能在一定程度上发生变化。教师的职能不仅仅是教授书本知识，使学生掌握知识，理解、消化知识，并能够灵活地对所学知识加以利用，还要真正体现教育过程中的教书育人的理念。授人以鱼不如授人以渔，知识的传授固然重要，而教会学生如何学习、如何获取知识更重要。培养学生自主学习能力、探究能力，是教师职能的又一体现。

计算机技术与教学的结合，对教师的能力也提出了更高的要求，教师不仅要具有专业的学科知识、教学能力，还要熟练掌握计算机技术、软件制作技术等，更重要的是具备对教学信息加工处理的能力，使之与计算机辅助教学模式完美融合，为学生自主学习、合作研究创造良好的条件。

二、计算机辅助教学模式的发展

计算机的出现标志着社会生产力的又一次巨大变革。而将计算机技术与教学相结合，更是教育实践的一次重要突破。计算机辅助教学模式自20世纪80年代引入我国以来，对教学方式和教学模式的改变产生了积极的影响。受经济与技术条件以及人的认识需求的限制，计算机在教学中的运用也受到一定的制约。为此，我们需要在不断的创新与完善过程中，提升计算机辅助教学模式的价值。未来，计算机辅助教学的发展趋势如下。

(一)智能计算机辅助教学模式

人工智能已成为现代社会的标志,计算机辅助教学将走向人工智能模式是毋庸置疑的。智能计算机辅助教学是智能化教学的体现。任何教学模式的发展都离不开一定教育理论的指导,智能计算机辅助教学模式也是如此。作为计算机辅助教学的进一步发展,智能化计算机辅助教学的实现是以认知学为理论基础的。因而,它是将人工智能技术应用于计算机辅助教学的一种更为先进的教学模式。

智能计算机辅助教学模式拥有计算机辅助教学所具有的人机交互,文、图、声、像并茂的特点。此外,在它所呈现的教学模式中,教学内容与教学策略是分开的。在教学开始前,其借助计算机可存储较大数据量的功能,建立学生数据库信息,对学生信息进行智能识别,包括学生的学习能力及认知能力等,通过智能系统的判断,动态生成适合于个性化教学的方法。在教学过程中,其对学生的学习过程与学习状态进行全程监控,通过智能诊断机制衡量学生的学习水平。对于学生在学习过程中出现的问题或错误,进行智能化的数据统计与分析,将分析结果及时地反馈给教师和学生。对于学生,其在展示原因与结果的同时,向不同的学生提出个性化的更改建议、学习方法等;而对于教师,其智能地根据反馈信息得出结论,向教师指出教学中存在的问题与不足,提供有关教学重点、方式、测试重点、题型的建议等。

(二)网络计算机辅助教学模式

计算机辅助教学是通过组织课件,以计算机为载体,来向学生呈现丰富教学内容的教学形式。这种教学模式通常借助单台计算机就能够完成教学活动。而网络计算机辅助教学模式能够借助互联网的优势,为教学提供便利。同时,其还能够避免在单机情况下学生独立学习的不足,如缺乏合作意识、竞争意识等。在网络模式下,学生不仅能够自主学习,还能够与他人或教师形成交互关系,从而有助于学生团队意识、合作意识,乃至竞争意识的形成。

由此，我们可以简单地将网络计算机辅助教学模式理解为，借助互联网实现师生交流的教学模式，有助于学生分析、综合、评价等认知能力的培养。

网络计算机辅助教学模式实施的前提是要有网络的支持。一般网络计算机辅助教学模式可利用的网络形式有两种：一种是校园局域网；另一种是国际互联网。该教学模式的特点是，既可以实现个性化教学，也可以开展基于协助、探讨的合作教学。与传统计算机辅助教学模式相比，网络计算机辅助教学模式能够克服时间、空间及地域的限制，教师将教学内容上传至服务器之后，学生通过使用浏览器进入相应的网站，或者是在客户端登录，才可以获得共享的资源，实现对远程教学内容的学习，以及对网站内的教学资源随心所欲地调用。

网络计算机辅助教学模式既保留了基于单机的计算机辅助教学的优势，而又有所发展，因而，随着互联网技术的普及，其应用也将越来越广泛。

（三）网络与智能相结合的计算机辅助教学模式

网络与智能相结合的计算机辅助教学模式，简单地说是在网络环境支持下的智能计算机辅助教学系统，是在网络计算机辅助教学模式与智能计算机辅助教学模式的优势互补基础上发展而来的一种教学模式。因而，其具有网络和智能双重特点，其优势自然是不言自明的，是一种更适合现代教学的新型教学模式。

该教学模式能够最大限度地模拟教学专家的教学特色，实现对学生的智能化分析，掌握学生的认知水平，进而有针对性地选择相应的教学策略，对学生进行个性化教学。这一教学模式主要分为四个模块。第一，领域知识模块，不仅包含系统所要传授给学生的知识，还决定了教学交互过程的内容，也决定了教学目标的结构。这一模块又由三个组件构成：一是用户接口，是用户交互的通道；二是推理机制，供学生思考问题、发展思维；三是知识库，为解决问题提供所需素材。第二，学生模型模块，记录学生的学习状况，以掌握学生对知识的掌握情况，包括学生知识状态、认知特点和个性特点等。第三,教师模块,为教师教学提供相应的方法、思路,以及策略等。第四,智能人机接口模块,是实现人机互动的窗口,为人机交互服务。

在网络智能计算机辅助教学模式中,学生通过计算机登录支持网络智能计算机辅助教学模式的服务器。基于这一教学模式的系统,自动按学生不同的认知水平,有针对性地准备不同难度的教学内容,并对学生的学习情况进行实时监测,在教学结束时,系统通过测试,来评估学生对知识的掌握程度,根据学生掌握程度的不同层次,为其下次学习提供更有针对性的内容,并向学生提出进一步的学习内容的建议,以起到查漏补缺的作用。此外,教师也可以登录系统检查学生的学习情况,有针对性地对教学内容、测试内容进行更新。学生也可以与在线的其他学生进行讨论,实现共同进步。

三、计算机辅助教学模式的类型

计算机辅助教学模式形式多样,从不同的角度来看,可以划分为不同的类型。从载体的角度来看,有软件计算机辅助教学模式及无软件计算机辅助教学模式;从教学方法的角度来看,有问答模式、探究模式、交互模式;从教学服务对象的角度来看,有以教为主的计算机辅助教学模式和以学为主的计算机辅助教学模式。

(一)以教为主的计算机辅助教学模式

以教为主的计算机辅助教学模式主要包含以下两种类型。

1. 演示型教学模式

演示型教学模式,即教师借助计算机设备与技术,将教学目标、教学内容、教学重难点、教学方法等主要信息,通过多媒体等形式直观地呈现给学生,学生通过观看教师的一系列操作,配合教师完成既定的教学任务。

在这种教学模式中,教师的职能在于对各种多媒体形式的选择与利用，以及对教学内容的组织，以发挥出计算机辅助教学模式的最大作用。这也是当前使用较为广泛的一种模式。其优势在于增加课堂教学的密度，向学生呈现的教学内容生动、形象、丰富且多样化，能给予学生强烈的视听觉冲击，从而获得较好的学习效果。

2. 练习型教学模式

练习的过程既是知识应用的过程，也是检验学生学习效果的过程。练习型教学模式是教师在备课过程中针对教学重难点，设计具有针对性与代表性的练习软件，然后借助计算机将所设计的练习呈现给学生，让学生作答。

在这一过程中，教师能够全面了解学生的答题情况，进而通过答题的正确与否，综合判断学生对知识的掌握程度，分析学生存在的问题和不足，并有重点地对出现的错误进行分析、讲解，让学生发现其学习的不足之处，进而改正完善。

要想使练习型教学模式发挥作用，教师不仅需要具备较强的专业知识、科学的教育理论，还应该提升其他能力。首先，教师应提升其计算机操作能力。在现代化社会背景下，信息技术已成为人们应该掌握的必备技能，教育的信息化不仅需要教师了解计算机相关知识，而且应该具备基本的计算机操作能力，这是实施计算机辅助教学模式的前提。其次，教师还应该在掌握相关教育软件操作的基础上，懂得教学的要点、重点，学生的知识盲点，以及学生的基本情况，有针对性、有目的性地设计相应的课件，而不是花费时间、精力设计华而不实的课件，这样才能真正发挥计算机辅助教学最大的作用。

（二）以学为主的计算机辅助教学模式

提到计算机辅助教学，大部分人都会下意识地从“教”的视角出发，看其是如何协助教师完成教学任务的。殊不知，计算机辅助教学在“学”的方面，也起着很大的作用。计算机辅助教学对于学生的“学”来说，其价值更为突出，毕竟教学的过程是以学生为中心的，学生才是教学的主体。在学生“学”的过程中，计算机的角色是课程内容和资源的获取工具，学生可以借助网络教学平台、教学论坛或者电子邮件等实现师生间或者是学生间的资源交流、学习交流。学生还可以借助自我评测平台检验自己对知识的掌握程度。以学为主的计算机辅助教学模式有以下几种。

1.探索式学习模式

网络技术的发展丰富了信息化资源的内容，也为学生获取知识提供了便利。网络已成为现代人生活中不可或缺的一种工具，成了学生获取各类资源的途径。网络的普及缩短了人与人之间的距离，人们通过计算机网络能够实现不受时空、地域限制的交流与沟通，也为学生自主学习创造了条件，让探究式学习成为可能。

在这种模式中，学生能够针对其所学的某一知识点或问题，通过检索、查阅相关的网络资源，展开问题探索；或是在教师、网友的帮助下，与他们一起讨论，最后通过分析、归纳，得出结论。因此，在信息化快速发展的今天，寻求问题解决方法也是学生必须学会的一种基本技能。

2.合作式学习模式

以学为主的计算机辅助教学模式要发挥最大的作用，离不开师生间的配合，也离不开学生间的合作。合作式学习模式就是基于网络共享资源，培养学生的合作意识，教会学生在网络环境中，发挥网络共享资源的优势，通过合作去解决问题。

在实施计算机辅助教学模式的过程中，首先，教师应充分调动学生的合作意识，培养学生的合作学习能力。教师可以根据学生的学习水平，将其分为若干小组，通过合理的分组，让学生在合作学习的氛围中养成自主学习的习惯。其次，为保证合作的顺利进行，教师还应该引入科学的分工机制，让学生间的合作变得有序且有目的。此外，学生在合作的过程中应使用各种计算机沟通方式去相互交流、协商。最后，通过过程监控策略，提高学生小组内的共学互助效率。例如，根据组员的表现对小组成绩采用小组成员中的最高分和最低分平均计算的方法，督促小组学生之间相互帮助，以达到共同提高的目的。

3. 角色扮演式学习模式

计算机辅助教学模式能够根据教学的需要，为学生提供相应的教学情境，角色扮演便是其中一种形式。这种学习模式类似于网络游戏中的各种虚拟角色，不同角色的设定，带有不同的任务。角色扮演便是让学生在现实与虚拟之间建立一种关系，这种关系由虚拟的角色支撑，学生根据学习的需要或是兴趣，自主选择喜欢的角色，扮演者同时需要完成角色的任务。

在这种模式中，教师首先根据教学的需要，设定合适的情境与角色，供学生参与；然后将参与者分成若干小组，每个小组成员扮演不同的角色，并完成相应的角色任务。这一过程可采取小组竞争的形式，让组与组、人与人之间在网络化虚拟空间情境中，通过交互的形式完成角色扮演的任务。教师既可以在旁指导，也可以参与其中，通过扮演具体角色，对学生进行相应的指导。这能够拉近师生距离，激发学生参与的热情与积极性。

4. 考核式学习模式

通过考核能够比较直观地反映学生对知识的掌握情况。考核式学习模式主要是教师根据教学实际情况以及学生的情况，将重难点知识，或是其他需要学生了解的知识进行汇总，然后编成考试软件，借助计算机设备呈现给学生，让学生在线上作答。在考核结束时，学生点击提交即可。

这种形式的考核与传统纸质考核最大的不同之处便在于阅卷方式，通过智能阅卷，学生可以即时得知考核的结果。系统还能够对学生的答题情况进行分析，指出错误的原因，并进行相应知识点的补充，对于学生而言，能起到查漏补缺的作用。

使用这种学习模式，前期工作繁琐，但其价值是显而易见的。一方面，利用计算机智能化系统，能够降低人为评判的失误率，并实现对考核结果的及时反馈，使学生明确学习中的问题与不足，便于在改正过程中巩固知识，提升成绩。另一方面，这实现了教学反馈、评价的科学化、数字化。

总而言之，网络信息技术的发展打破了传统的教学模式，同时也改变了传统的师生关系。教师和学生在计算机辅助教学模式所建立的交互情境中有了更多交流，师生距离得以拉近，关系不断改善。教师不再是严肃的形象，而是能够和学生像朋友一样平等相处。师生关系的改善对于学生学习水平的提高和人际交往能力的提升都有很大的促进作用。学生能和教师以平和的心态讨论、交流，从而融入集体，更好地学习和生活。

第三节 计算机辅助教学模式的优势和应用分析

一、计算机辅助教学模式的优势

计算机辅助教学模式是凭借计算机技术优势而发展起来的服务于教学的一种新的教学形式。其能够迅速地在教育领域中占有一席之地，必有其绝对的优势。与传统课堂教学模式相比，计算机辅助教学模式的优势主要体现在以下几个方面。

（一）有利于对学生实施个性化教学

计算机辅助教学模式为学生提供了人机交互的环境，学生能够在客户端实现自主学习。这种自主学习不同于集体学习模式，是基于学生个体差异的存在，给予学生充分的自主权，让学生能够根据自己的学习状态、学习进度，以及能力水平选择适合自己的学习方法、学习内容，抑或学习时间等，对知识的广度和深度进行自主掌控。如对于理解快、掌握好的学生，可加强学习内容的深入教学，逐步加大学习难度，使其能力得到不断提升；而对于各方面能力稍差的学生则重在基础知识的学习，以知识的巩固为主，针对其所欠缺的方面，要促使其反复学习和练习，直至掌握。通过这种方式，能够实现个性化教学。

这是传统的课堂教学模式可望而不可即之处，通过计算机辅助教学模式可以让理想变为现实，真正实现了因人施教、因材施教。

（二）实现人机充分交互

计算机辅助教学模式以计算机的运用为基础，以课件的呈现为主要方式。通过课件的展示，学生能够直观地了解到教学的全部流程，进而针对自己学习的状况实现对教学过程的掌控。

在教学过程中，计算机辅助教学模式也为学生提供了交互的空间。针对某一教学内容或教学环节，学生可选择与教师或者其他学生展开讨论，也可与计算机交互学习，提出问题，计算机对学生的疑问做出解答或是对学生的回答进行反馈。这种人机对话的方法，能够减少传统教学模式中学生对教师的畏惧感和紧张心理，更有利于激发学生的思维及发挥其能动性，有助于调动学生的学习热情，也便于学生理解教学内容，从而形成双向沟通的教学方式。

（三）及时反馈教学信息

计算机具备一定的智能化功能，因而计算机辅助教学模式能够及时反馈各种教学信息。在计算机辅助教学模式的应用过程中，计算机能够对学生的学习情况进行实时掌握，如学习时间、学习内容、学习进度、答题情况等，通过系统分析，将学生的学习状态、知识点的掌握情况等信息反馈给学生，便于学生了解自己对于知识的掌握程度，进而根据自身情况调整学习内容或进度，选择继续学习新的内容还是以查漏补缺、知识巩固为主。

对于教学的实施者与管理者教师而言，计算机辅助教学模式的信息反馈功能，也能够为教师提供更有针对性的教学计划及教学安排。教师可通过计算机辅助教学系统对学生的学习情况（如学习时长、学习频率、学习内容以及练习等）的记录与反馈，掌握学生的基本情况，从学生的客观实际出发，采取因材施教的教学方针，及时调整成适合学生发展的教学策略，以达到最好的教学效果。

（四）实现无限制的协作学习

计算机的功能之一，便是能够为教学提供一个模拟情境。在这个虚拟空间中，能够实现教学的多种交互。协作互助是其中一种重要的交互形式。

计算机辅助教学模式能够实现无限制的协作学习，主要从以下内容体现。教师根据教学重难点和学生能力发展目标，提供相应的教学内容，并根据教学内容为学生创设交互的环境。学生可就教学内容的某一方面展开讨论。在这一过程中，学生可对所讨论的内容用多种不同观点进行比较、观察、分析和归纳。

这种形式不受条件限制，尤其是在网络背景下，客户端用户都可以参与这种形式的协作互助式学习模式。与传统教学模式限定于课堂、限定于学生的协作学习相比，计算机辅助教学模式范围更广，将参加同一内容协作学习的学生的智力集中起来，能够真正做到集思广益，让每一个参与协作学习的学生都能从中受益。

（五）便于加强教学自动化管理

教学是一项复杂而系统的工作，而不是简单的教与学的过程，涉及教师、学生、教材、教具等方方面面，教学质量的提高、教学效果的改善需要各方面的协调发展。计算机存储空间大，而且具备智能化处理的功能，因此实施计算机辅助教学模式，能够实现对各种教学信息的有序化，以及教学管理的自动化，从而提高教学管理的效率和质量。通过计算机网络或学生磁盘，可自动生成有关教学管理的数据库文件，用计算机可进行查询、统计和分类，便于对学生各类学习信息的管理。

二、计算机辅助教学模式的改进措施

（一）彻底转变教师的计算机辅助教学观念

意识对行为有着直接的影响，因而，要提升计算机辅助教学模式的效果，应该从思想上开始转变。当前已进入信息化社会，教育信息化是教育发展的必然趋势，因此，教师要树立计算机辅助教学的意识，学校要为计算机辅助教学提供完备的硬件设施，以及营造良好的教学环境。

首先，学校应建立健全计算机辅助教学模式的领导与管理机构，加大技术与资金方面的投入,给予计算机辅助教学模式顺利实施的有效保障。同时,学校应成立专门负责计算机辅助教学的机构,为计算机辅助教学模式的开展提供技术支持,尤其是通过优质课件的制作来提高计算机辅助教学模式应用的效果。

其次,不断提升教师的素质与能力。教育信息化推动了教育的改革与进步,加速了计算机辅助教学模式在教学中的运用,不仅要求教师具备较强的专业知识,还对教师信息技术能力的提升提出了较高的要求。学校管理者要认清局势,认识到计算机辅助教学模式对教师能力的要求。这就需要学校有计划地举办各类教师培训班,组织教师既要深入学习现代教育教学理论、素质教育的思想和先进教学方法,还要加强信息技术教育的学习,让教师在掌握计算机基础知识和操作技能的基础上,学习使用PowerPoint、几何画板等常用课件制作软件,能够根据教学需要制作相应课件,并能利用互联网获取教学信息,逐步提高教师的现代化教学水平,提高教师整体素质。

最后,强化对计算机辅助教学模式的认识。计算机辅助教学模式已是当前学校教育中使用较为广泛的主要教学形式之一,无论是学校领导还是教师个人,都应该对计算机辅助教学模式的形式与功能有着全面的认识,从而形成重视计算机辅助教学模式的新局面。只有这样,才能为计算机辅助教学模式发展创造良好的教学氛围,才有助于计算机辅助教学模式的实施。

(二)整合多种教学方法实施多媒体教学

课件是计算机辅助教学模式的灵魂,计算机辅助教学模式的效果离不开优质课件的支撑。因此,课件对于计算机辅助教学模式来说至关重要。不同的教学内容、不同的学生情况对课件有着不同的要求,很难有某一个课件同时满足不同的教学需求。也就是说,万能的课件是不存在的。要提高课件制作效果和质量,我们需要通过建设计算机辅助教学课件库来实现。

课件库的作用便是储存大量优质的与教学内容相关的信息资源课

件，以便在教师需要时，能够方便、快捷地找到适合自身教学需求的课件。课件库的这一功能，是计算机资源共享优势的体现。

当然，有条件的学校或者单位还可以直接建立积件库，即把教学内容分化为若干个小知识点，将这些零散的小知识点制作成一个独立的小课件，最后再将其汇聚起来。这样，教师在实施计算机辅助教学模式时，根据教学需求及自己的实际情况，可有针对性地从积件库中调用所需的积件，方便而快捷，能够节省不必要的搜集资料所耗费的时间，然后利用相关的软件制作技术，就能快速完成所需课件的制作。

值得注意的是，在运用计算机辅助教学模式的过程中，一方面，要灵活选用多种教学方法，保证各种教学方法相协调，要根据教学实际，因地制宜。常见的方法有提问设疑、实物或图示展示、场景模拟及角色互换等，以调动学生学习的积极性，激发学生的想象力和创造力，通过丰富的教学形式，使课堂教学达到生动、活泼的效果。另一方面，要通过规范课堂语言，促进师生间的有效沟通。语言是人与人之间交往的纽带，是维持社会关系的基础。实施计算机辅助教学模式，就要充分发挥学生的主观能动性，突出教师在教学中的主导地位，积极引导学生在交流合作中发散思维，提高学习的积极性。

（三）对计算机辅助教学模式给予正确的认识

从当前的技术水平及教学实践来看，计算机辅助教学模式能够模拟教师的教学行为，替代教师的部分工作，让教师从繁重的教学任务中解放出来，以便教师有更多的时间和精力进行教学研究，或是进行个人技能的提升。从这一角度上来说，计算机辅助教学模式具有值得肯定的应用价值。但我们也应该清醒地认识到，尽管计算机辅助教学模式在教学中有着极大的优势，但计算机辅助教学模式不是万能的，任何无限夸大其作用的做法都是错误的，要坚持一分为二的态度来看待计算机辅助教学模式。

计算机辅助教学模式不受时间和空间的限制，是当前重要的教学形式之一，作为教学的一种手段，它在教学中只能起辅助作用，即辅助教师完成教学任务。

对于抽象的、复杂的、学生理解有困难的知识，教师可以利用计算机辅助教学模式图文声像兼具的优势，将抽象的内容具体化，以形象、生动的形式直接地展现在学生面前，让学生在多感官的刺激下，发散思维，从而更有助于其对知识点的理解，收到的教学效果也是其他传统教学模式难以做到的。

尽管如此，计算机辅助教学模式也不能完全代替教师的“教”，更不能代替学生的“学”。这是由于教学过程是师生双方，甚者多方参与的过程。作为主要的参与者，教师和学生任何一方都不能缺少，否则教学将不完整。也就是说，教学是在师生共同参与下才能实现的。教学也不是机械的知识传授的过程，教师是教学活动的组织者，学生是教学活动的主体，双方联系的纽带是交流。教师和计算机最大的不同在于情感，基于情感的交流才能拉近彼此的距离。对于教师而言，交流才能与学生建立良好的关系，才能更好地了解学生的真实情况，包括学生的心理情况，这样才能在教学中更有针对性；对于学生而言，交流才能够对教师产生信任感，才能更好地配合教师的工作。这恰恰是计算机无法做到的。

除此以外，还有很多事情也是计算机根本做不到的，如对学生情感的引导及人格的培养等。

所以，就当前的实际情况而言，教学还是应该建立在传统教学模式上，并辅以计算机教学系统的支持，在发挥传统教学模式的长处的基础上，运用计算机某些功能，实现教师对于教学过程的有效控制和管理。

（四）加强对学生信息素养能力的培养

21 世纪对人才的培养提出了新的要求，人的全面发展是教育的发展目标。特别是随着信息化社会的发展，以及信息化程度的不断加深，信息素养能力的培养成为在教育信息化背景下对学生能力提出的又一要求。信息素养是传统文化素养的延伸和拓展，主要由信息意识与信息伦理道德、信息知识及信息能力等组成。

信息能力是信息素养的核心，包括信息的获取、信息的分析、信息的加工。

现代教育强调学生的自主学习能力的提升,而对学生信息素养能力的培养,与学生自主学习能力有着直接的联系。学生信息素养能力的提升意味着学生获取信息的能力,以及对信息进行分析、处理的能力也相应地有所提高,而这些能力是学生自主学习必备的能力。可以认为,提高了学生的信息素养就培养了学生的独立自主学习的态度和方法,使之具有批判精神及强烈的社会责任感和参与意识,具有追求新信息、运用新信息的意识和能力,善于运用科学的方法,从瞬息万变的事务中捕捉信息,具有从易被人忽视的现象中引申、创造信息的能力。因此,我们必须重视对学生信息素养能力的培养。

首先,需要转变教师的观念,让教师认识到培养学生信息素养能力的重要性,让教师在计算机辅助教学过程中,有意识地锻炼学生的自主学习能力。其次,要加强对教师计算机技术能力的训练,让教师对计算机辅助教学模式的运用游刃有余,这样能够避免其对计算机辅助教学模式的抵触,也更能够使其发挥重要的作用。最后,在计算机辅助教学模式应用过程中要注意引导学生重视对信息素养能力的培养,可把信息素养水平作为考核学生的标准,让学生自觉地促进自己的信息素养的提高,使学生结合所学专业,获取信息,对所学专业信息有更全面、更深刻的了解,提高专业知识水平。

计算机辅助教学模式在教学中的推广与应用,已取得了显著成绩。随着信息化技术的不断进步,这一教学模式在现代教学中的优势也已日益彰显。为不断提高教学质量并促使教育跟上信息时代的发展步伐,计算机辅助教学模式将成为今后学校教育发展的必然趋势。教师在实施这一教学模式的过程中,需要加强对课件的设计与制作,从提高自身素质与能力方面着手,将课件设计制作成学生学习的资料库,增强课件的交互性。同时,教师还应该考虑各层次学生的接受能力和反馈情况,以真正发挥计算机在教学中的辅助作用。

三、计算机辅助教学模式的应用分析

计算机辅助教学模式在当前教学中的地位越来越重要,计算机辅助教学模式的形式也是多样的，为了提高其在教学中的运用效果，一般需要根据教学内容和教学对象的不同进行灵活运用。

（一）人机交互教学

计算机辅助教学模式能够提供良好的交互环境，有助于最大限度地发挥形式的能动性。因而，人机交互教学是计算机辅助教学模式中运用较为广泛的形式之一。

人机交互是一种以个性化交互学习为目标的课件类型，它的有效实施，需要课前做好课件的充分准备，不仅要保证教学内容和教学策略的合理性，而且要确保逻辑结构的完整性。这类课件的特点是构成课件的结构系统，一般采用的是选择型的程序结构，教学内容被分为若干个独立的模块。其教学流程并不是固定的，通常有两种选择：一种是由学生决定的，控制其运行流程；另一种是由计算机系统控制的。学生在进入该教学界面后，便可以直接进行人机交互式学习。

人机交互的教学方式，在计算机辅助教学模式中发挥着重要的作用，尤其适合于新知识的传授。通过人机交互，有助于学生对知识的建构，学习效果更好。

基于人机交互的计算机辅助教学课件在设计中需要注意的问题是，要在充分了解学生的基础上，将学生在学习过程中可能会出现的问题和困难纳入课件内容，连同解决方案也一并体现在课件中，并尽可能详尽地提供联机帮助信息。

（二）练习复习教学

练习型课件是利用计算机辅助教学课件提供的练习功能，由计算机提供练习内容，由学生作答，再由计算机评判结果，然后将结果反馈给学生，让学生在不断的“练习—反馈”活动中获得学习刺激，从而取得进步。

对学生的反馈有两种情况：一种是学生练习效果较好，正确率较高，这时计算机给予学生赞赏的符号提示，学生在这种刺激的作用下，学习积极性更高，学习意识得以增强；另一种是学生错误较多，这时计算机会给予其鼓励的符号提示，学生可选择重新练习或答题，或者是在计算机的引导下，分析出错的原因，找到正确的解题思路，有助于其知识的巩固。

复习型课件，一方面，用于复习某种规律性的知识，便于学生查漏补缺，并巩固新学的知识；另一方面，用于检测学生的学习情况或作为学生对学习效果的自我评价，以调整学习内容和学习进度。

练习复习教学课件的效果：一是取决于学生的学习态度，同时与练习复习的频率、练习时间、题型等直接相关，这也体现了人机交互作用的程度；二是丰富选题功能，给予学生更多的选题自主权，如可依实际教学内容采取随机取题、按类取题、排队取题和按难度取题等取题方法。

（三）资料咨询教学

这一类课件主要是为学生自主学习提供便利，突出了计算机辅助教学模式服务于学生的功能。通过交互界面，以人机对话的形式，学生可以选择所需学习的内容或是通过计算机辅助查询，获取所需资料。其有助于培养学生的信息素养，启发学生的思维，激发学生学习的能动性。

资料咨询课件首先需要自身储备丰富的信息资源，因而对其开发需要建立在资源共享的基础上，此外，还需要强大的数据库作为支撑，以及计算机多媒体的智能化、网络化等功能与技术发展。

要提高此类课件的应用效果，需要重视信息的分类、检索方法和信息的获取及输出等技术细节。

（四）课堂演示教学

课堂演示是在课堂教学的过程中，向学生展示教学内容的一种直观形式。演示的内容通过计算机辅助教学能够达到更好的效果。计算机辅助教学演示可将教学内容设置于课件中，可根据教学的需要，将演示与教师的讲授或其他教学媒体相配合。这样给予学生全方位的刺激，更有助于学生对教学内容的理解，以及对教学内容留下深刻印象。

课堂演示教学一般需要将演示的内容呈现于屏幕上，让学生观看。因此，演示效果与教学设备有着直接的关系，大屏幕显示器或高亮度投影仪等硬件设备成为课堂演示教学的首选。在设计开发该类课件时，首先对教学流程要有一定的清晰认识，以教学流程为设计原则，才能保证课堂演示教学的流畅性。另外，课堂演示教学还应充分体现教师的教学思想，也要考虑课堂演示时的环境因素对演示效果的影响，选择可突出主题的屏幕显示属性。同时要求使用课堂演示课件的教师对课件内容有深入的了解。

第三章　计算机辅助教学法

传统意义层面的教学法包括教师的“教法”和学生的“学法”两个层面，主要讲述教材的处理、教学过程的设计、教学方法的运用等。在计算机辅助教学中，教学法除了传统意义上的教学法内容外，更重要的是要对教材、学生和计算机环境进行有效设计，以达到人机教学活动高效的目的。

第一节　教学方法概述

一、教学方法的定义

目前，教学方法的定义不尽相同，比如苏联学者达尼洛夫、叶希波夫认为：教学方法是指教师的工作方式和由教师领导的学生的工作方式，借助于这些工作方式，可以使学生掌握知识、技能和技巧，还可以形成他们的共产主义世界观和发展他们的认识能力。美国学者 LH. 克拉克和 I. S. 斯塔尔认为：教学方法是教师为达到教学目的而组织和使用教学技术、教材、教具和教学辅助材料的方法。我国学者吴杰认为：教学方法是教师与学生为实现教学目的，完成教学任务所采用的途径和程序。刘继武则认为：教学方法是师生为了完成教学任务所采用的一系列教学活动方式的组合，它包括教师所采用的教的方法和在教师指导下学生所采用的相应的学的方法。

尽管中外学者对教学方法的界定不尽相同，但在以下几点上却是取得了共识的。

第一，教学方法与教学目的相联系，是实现教学目的不可或缺的工具。

第二，教学方法是师生共同完成教学活动所采用的手段，而并非单指教师的工作方法。

第三，教学方法的功能是多方面的，既可凭借教学方法使学生掌握知识、技能和技巧，也可凭借教学方法使学生形成思想品质和审美观点，发展他们的能力和创造素质。这些共识的取得，为我们进一步深入探讨教学方法奠定了基础。

第四，教学方法体现了特定的教育价值观，指向特定的课程与教学目标。有什么样的教育价值观，就有什么样的课程与教学目标，也就有了什么样的教学方法。

第五，教学方法受特定的课程内容的制约。从特定的教育价值观和对人的心理过程的认识中，可以引申出教学方法的一般规范和要素。但是这些教学方法的一般规范和要素要真正对教学过程起作用，还必须与特定的课程内容结合起来。

第六，教学方法还要受教学组织形式的影响。教学组织形式会直接影响教学方法的选择与使用。例如，在个别化教学组织形式中就难以实施有效的集体讨论式的教学方法，而在班级授课组织中也难以真正实施自主式的教学方法。当然，教学方法反过来也会影响教学组织。

二、教学方法的特点

教学方法的特点是由其本质所决定、并在实践中表现出来的教学方法外部特征，一般认为教学方法具有如下几方面基本特点。

（一）实践性

教学方法与教学实践紧密相连，其工具性质显而易见。教学方法的基本精神、影响媒介、作用方式、具体步骤、详细要求等，都是可以操作的。

（二）双边性

双边性是指任何一种教学方法都是教师指导学生学习这一双边活动的方法，由教师教和学生学耦合而成的操作策略。

(三)多样性

教学方法是多种多样的,因此,可以将不同类型的教学方法组成丰富博大的“方法库”,以供教师教学时优选使用。因为每种方法都有其独特功能,适用于所有教学条件的万能方法是不存在的。

(四)整体性

不同的教学方法共同构成一个完整的方法体系,各种具体方法彼此联系、密切配合、互相补充、不可分割,综合地发挥着整体效能。

(五)继承性

教学方法也和其他教育现象一样,具有历史继承性。古今中外教育家在长期的教学实践中,为了提高教学实效,非常重视教学方法的探讨,并且积累了相当丰富而宝贵的实践经验。

(六)发展性

任何教学方法体系都不是永远固定不变的。在具体教学实践中,教师必须根据变化了的时代精神、内容性质和对象特点等客观条件,勇于开拓、推陈出新,使教学方法更能适应教学的实际要求。

三、教学方法的分类

教学有法,教无定法,从不同的角度出发,教学方法的分类颇多,常见的有:

(1)根据教学过程的任务分为:传授知识的方法、形成技能和技巧的方法、教学生应用知识的方法、检查学生的知识、技能和技巧的方法。

(2)根据预期结果分为:呈现方法、实践方法、发现方法、强化方法。

(3)根据交流媒介分为:教师中心的方法、相互作用的方法、个体化的方法、实践的方法。

(4)根据外部形态分为:以语言传递信息为主的方法、以直接感知为主的方法、以实际训练为主的方法、以欣赏活动为主的方法、以引导探究为主的方法。

计算机辅助教学中常用的教学方法有：

(1)讲授法：在教学过程中以口头语言或书面语言为主。要传递形式向学生系统连贯地传授知识的方法。其特点是能较迅速、准确而大量地向学生传授间接经验，其效果主要取决于教师是否具有较强的阅读理解能力。

(2)演示法：演示法是教师配合讲授或谈话，通过陈列实物、教具或进行示范性实验而使学生在观察中获取知识的方法。其特点是生动形象，具体真实，学生视听结合，记忆深刻。

(3)实验法：实验法是学生在教师指导下，按照预定的要求，利用计算机辅助设备进行操作，并在观察研究中获取直接经验、培养技能技巧的方法。实验的类型主要有三种：学习理论之前进行的感知性实验；学习理论之后进行的验证性实验；巩固已学知识时进行的复习性实验。

(4)练习法：练习法是学生根据教师的布置和指导，通过练习来巩固知识、形成技能技巧的方法。如模仿练习、实践训练和创造性练习等。

(5)愉悦教学法：就是营造愉悦的情景，把学生从“刻苦”学习中解放出来，使学生能愉快地、活泼地学习，如情境教学法、审美引申法、陶冶法、畅想法等。

教学方法选择的恰当与否，将直接影响到教学效率。我们在选择教学方法时，一般要考虑教学的目的、内容、条件以及学生、教师自身素养、教学方法的类型功能等，让教学方法有利于调动学生的学习积极性和发挥教师的主导作用，有利于教学任务的完成。

四、现代教学方法的发展趋势

教学方法的选择和运用影响着教学的效果，随着教育教学活动形式的发展变化，教学方法也产生了与以往不同的形式。总体来说，教学方法的发展体现以下几个趋势。

(一)互动方式的多边性

多边性主要是指现代教学方法不再局限于传统的单向、双向活动论，而是强调教学是一种多边活动，提倡师师、师生、生生之间的多边互动。

（二）学习情境的合作性

合作性主要是指现代教学方法越来越强调教学中各动态因素之间密切合作的重要性。这种合作，不仅是为了集思广益，相互切磋，提高学生成绩，而且也是为了培养学生的合作意识，形成良好的非智力品质，从而顺应教育社会化的需求，培养现代社会所需的人才。

（三）价值趋向的个体性

个体性主要是指现代教学方法更加趋向于个别适应，因材施教，更加注意增加个体学习的参与度，更加注意发展学生潜能。学生禀赋因人而异，如他们对不同学科的兴趣不尽相同，学习的速度快慢不一。

（四）目标达成的全面性

全面性是指现代教学方法越来越重视认知、情感、技能等各种目标的协同达成，强调知、情、意、行的有机统一。任何一种教学方法总是与特定的教学目标相对应的，而教学目标又是教育目的在教学中的体现，因而它具有很强的时代性。

（五）选择使用的综合性

综合性是指现代教学方法在被选用时，人们开始注重多法结合，互相配合使用，以期达到最优化的教学效果。教学过程复杂，教学内容非常丰富，所要完成的任务又是多方面的，因此在教学过中，应当根据实际情况，综合使用多种教学方法。

第二节　学生特征分析

学生特征分析是对学生的原有认识结构和原有认识能力进行分析、描述，是确定教学目标和教学策略的主要依据。学生的学习特征和学习风格对课件设计有着不可或缺的影响力，在设计课件的过程中，必须考虑学习者的具体情况，如年龄特征、心理发展状况、情感发展特征及需要、感官感知的需要、环境和情绪的要求等。

学习者特征分析是教学设计过程中的一个重要环节，无论是在以“教”为主，或在以“学”为主，还是在“教”和“学”都注重的双主模式的教学设计活动中都具有重要意义。分析学习者的特征是指了解学习者的学习准备情况及其特点的活动，它为后续的教学设计工作提供重要的依据。所谓学习准备是教育心理学中的一个概念，指学习者在从事新的学习时，原有的知识水平或原有的心理发展水平对新的学习的适合性。学习可分为认知的、动作技能的和情感的学习，学习准备也相应的有认知、动作技能和情感三个方面。学习者原有的学习准备状态就是新的教学的出发点。

一、初始能力

初始能力是学习者对从事特定的学科内容的学习已经具备的有关知识与技能的基础，以及对有关学习内容的认识和态度。初始能力分析就是要确定教学出发点，即教学起点。初始能力分析及预测包括下述三个方面。

（一）预备技能的分析

了解学习者是否具备了进行新的学习所必须掌握的知识与技能，这是从事新学习的基础，即先决能力的预估。

（二）目标技能的分析

了解学习者是否已经掌握或部分掌握了教学目标中要求学会的知识与技能。在学习结束时，以具体学习目标为基础编写考试题目，来检查学习者达到目标的程度。

（三）学习态度的分析

了解学习者的学习态度，如是否存在偏爱或误解等。

预测是了解学习者初始能力的重要手段之一。分析学习者初始能力包括对预备技能、目标技能和态度三个方面的分析。可采用三种预测形式达到分析的目的，了解学习者对所学内容的认知水平及态度，对选择教学内容，确定教学方法等都有重要影响。

二、初始能力与教学起点的关系

学习是一个由简单到复杂的循序渐进的过程，通过学习内容分析可从最高教学目标着手，逐步由复杂到简单剖析为实现教学目标所需要掌握的知识与技能。经过层层解剖，较复杂的学习任务被分解为一系列简单的从属技能，揭示出相互之间的关系，为内容组织和教学顺序提供了一幅蓝图。在这些有层次的技能中，要求学习者学习哪些内容？教学从何处开始？

确定教学起点，需了解学习者对目标技能已掌握的程度。如学习者对一部分教学目标要求的技能确已掌握，则只对这部分目标技能进行复习，把教学重点放在其他方面，使新旧知识技能联系起来。此外，了解学习者对所学内容的态度也很重要，假如学习者对学习内容不重视，则教学起点还应包括态度方面的教学。

学习内容分析与学习者初始能力的分析是密切相关的。若忽视对学习者初始能力的分析，学习内容分析则会脱离实际；若将学习起点确定得过高，则会脱离大多数学习者的实际水平；若低估学习者已有的知识、技能基础，则会在不必要的内容分析和不必要的教学活动上浪费精力与时间。

三、一般特征

一般特征是指对学习有关学科内容产生影响的心理特点，其与具体学科内容虽无直接联系，但影响教学设计者对学习内容的选择和组织，影响教学方法、教学媒体和教学组织形式的选择和运用，是教学设计工作中一个重要的方面。例如，教学对象的阅读能力较差，可考虑多使用视听资料；如果教学对象中对所学课题的学习准备差异很大，实际经验也不同，则可以在教学内容的呈现中使用录像、电影等手段先为学习者提供一种共同的经验基础，便于以后的讨论和自学，或考虑采用个别化教学方式。

第三节　教学目标及教学内容的确定

教学设计是以分析需求为基础，需求就是指要学习什么(学习内容)、预期达到什么水平(教学目标)。因此，教学设计的第一步就是要对学习内容和教学目标进行分析。

一、确定教学目标

确定教学目标，是教学设计的首要工作，也是其他设计工作的基础。教学目标是指希望通过教学过程，使学生在认知、情感和行为上发生变化的描述。教学目标是教学活动的导向，是学习评价的依据。

在确定教学目标时必须考虑到三个方面的因素：一是社会需要的因素，它包括广义的概念，如社会的责任，国家的需要等；二是学生的特征因素，在确定教学目标时，必须先分析学生的原有水平情况、学生的基础知识程度，并考虑学生的求学目的是什么，为学生以后的发展做好准备；三是具体学科的特点因素。制定每一门学科的教学目标时，必须从该学科的特点出发，考虑该学科的基本概念、基本技能、基本规律、基本法则等特点，使所制定教学目标能体现出各自学科特色。

根据教学法内容的范围，教学目标可分为四个级别，即学科总目标、年级目标、单元目标和课时目标。一般来讲，学科总目标和年级目标在教学大纲中已有明确规定，而单元目标和课时目标则需要任课教师根据具体情况具体制定。

二、分析及确定教学内容

学习活动本身是个极其复杂的多样的活动，心理学家们对学习的分类千差万别，加涅(R. M. Gagne)基于学生的智力活动特点，根据学习水平的高低以及学习内容的复杂程度，将学习分为六类，即连锁学习、辨别学习、具体概念学习、定义概念学习、规则学习和高级规则学习。

为了更切实际地研究各类学习过程的心理特点，我们从学生不同的智力活动特点出发，将学习分成三大类，这就是知识学习、技能学习、解决问题学习。

(一)知识学习

所谓知识学习，即对事物的意义、结构和规则的认知。

学生的知识学习，就是掌握前人的经验，把人类共同的精神财富变为自己的精神财富，具有继承性。这种学习，主要是由学校教师进行有目的、有系统的传授，而不是重蹈前人发现与创造知识的过程。教师传授知识，学生掌握知识，都是继承现成的前人精神遗产。由于传授不能通过手对手、口对口、脑对脑的直接输入方式，使得知识的传授与掌握过程变得复杂化、多样化。正确的知识传授和掌握过程是一个积极的、动态的心理过程，它必须在教学的条件下进行。

知识的学习是通过教材(包含文字、图形、词汇语言等)作为媒介间接传授而获得。知识的传授和掌握是在教学的条件下，以词和语言为媒介，进行间接的传授过程。由于词和语言具有符号意义固定职能、概括职能和交流职能，因此，人类以借词和语言为中介，就可以进行知识的传授。

按掌握知识的智力活动特点，知识学习又可分为事实的学习、概念的学习和原理的学习三类。

(二)技能学习

技能是一系列动作的串联、协调、熟练的反应程度。技能与能力、知识是不同的概念，三者既有联系，又有区别。技能是指智力活动的操作活动的基本活动方式，是动作本身和动作方式的熟练程度；而能力则是保证动作达到熟练，能顺利完成的心理条件；知识是对事物的意义、结构和规则的认识。有了某种知识，不等于就有该项技能；有知识又有技能，也不等于有能力。

技能是通过传授与练习来获得的，技能学习就是一连串动作经练习而形成熟练的、自动化的反应过程，技能学习的方式是通过传授与练习进行的。在技能的学习过程中，传授者与学习者（练习者）是主体，技能动作是客体。技能动作不是简单的日常生活动作，像走路、穿衣、吃饭、睡觉等，这些同个体成熟过程自然形成不用专门训练的动作，不能算作技能。

技能的形成是一个反复训练的过程。训练过程中，要经过讲解、示范、模仿、练习等阶段。传授者要反复讲清要领，认真示范；学习者要反复领会、琢磨、练习，不仅要懂得要领，而且要会做，还要熟练、精确。

（三）解决问题学习

所谓解决问题，就是运用已掌握的知识和技能，通过思考去探索问题答案的心理过程。解决问题学习，不是指“学习些什么东西”，而是指“如何去学习”，即如何运用先前所学到的知识去解决新的问题。解决问题离不开思维，解决问题学习就是思维学习。思维学习比知识学习、技能学习在某种意义上更为重要。学会思考，比学到某些知识和学会某种技能，对学生本身的发展更具有长远意义，学生学习的最终目的，是要用掌握知识的技能去解决实际问题。在对具体学科的知识内容进行分解时，必须根据实际情况，结合各门学科的特点进行具体处理，而不能生搬硬套。

第四节　教学模式和教学媒体的选择

一、教学模式选择

计算机辅助教学课件的设计过程中可采用的模式有：操作与练习、个别指导、游戏、模拟、问题求解等类型。其中，操作与练习类课件是对课堂教学的补充；个别指导课件是相对独立的教学单元，用来教授学生掌握一些概念和规则，并通过练习及测试评估学生的理解力；游戏类可设计成与教学中的操练、练习有关的内容，用来锻炼学生的决策能力，增加趣味性。

计算机辅助教学向学生提供各种各样的学习环境，控制着各种教学活动。常见的计算机辅助教学模式有操作练习、个别指导、咨询方式、模拟、问题求解、教学游戏等。在具体的教学过程中，通常综合使用几种不同的模式。

(一)操作练习

这种模式是由计算机向学生逐个显示问题,要求学生回答,若回答正确,则计算机给予肯定,进入下一个问题,否则给予适当的提示后,再向学生显示同一问题,此模式的教学目的不是向学生传授新知识,而是使学生通过做大量的习题,达到巩固知识的目的。

(二)个别指导

此模式是用计算机系统模拟教师授课的全过程,其教学形式由授课、提问、评判三部分组成。其基本原理是基于斯金纳的程序教学,把教学内容分成若干教学单元,学生在课件的指导下自己组织学习。

(三)咨询

在个别指导型教学模式中,计算机提出各种问题及说明后,学生对这些问题和说明予以一定应答的形式进行学习,在这个过程中,计算机处于主动而学生处于被动状态,不利于学生学习积极性的充分调动和发挥。

咨询教学模式的原理是发现式学习理论。在咨询教学模式中学习的主动权由学生所掌握,计算机向学生提供一个信息环境和获取信息的规则表,学生可以询问与学习有关的问题。

(四)模拟演示

模拟演示是利用计算机的特性和功能,构造一种计算机模拟的学习环境,在这种学习环境下,学生通过人机对话的方式,实现一定学科内容的学习和某些问题的解决,该模式通过生动形象的方式传播知识,有利于培养学生的能力。

(五)问题求解

问题求解是一种智能型教学模式,这种模式引导学生与程序系统一起求解问题,解题过程中学生应用所学过的知识,掌握求解问题的方法。计算机不直接灌输知识,而是通过提出问题,提供数据,引导学生思考,解决问题,得出正确结论,从而提高学生分析问题,解决问题的能力。

(六)教学游戏

游戏型计算机辅助教学不同于一般游戏软件,它利用计算机产生一种带有竞争的学习环境,把科学性、趣味性和教育性融为一体,激发学生的兴趣,寓教于乐。实际教学中,可以选择简单的游戏用做练习,设计复杂的游戏来锻炼综合运用知识能力和决策能力。

二、教学媒体选择

媒体,也称作媒介,其基本含义是指信息的载体和传递信息的工具,它有两层意思:一是指存储、处理和传递信息的实体,如投影仪、录音机、录像机、录像带等;二是指承载信息内容的载体,是一套有特定意义的传意符号系统,如文本、图形、静态图像、音频、视频等。多媒体计算机教学课件中的媒体信息指的是其后一层含义。

半个世纪以来,教育者们一直都在关心如何选用适当的媒体来传递教学信息,以求得最佳的教学效果。由于各种媒体的特点,没有一种教学媒体是万能的,只能对媒体进行合理的组合,这便是媒体的选择、应用问题。在多媒体教学课件设计领域,这个问题同样存在。为了科学、合理地选择各种媒体信息,必须了解媒体的一些基本知识,并掌握媒体选择的方法。

首先让我们看看媒体的教学功能。在教学中,媒体应用的目的是传递教学信息内容。从形式上看,媒体要记录、储存、传递和再现教学信息的内容是多样的,但从本质上看,媒体应用的目的就是要表现事物的空间、时间和运动的特征。

空间特征是指事物的形状(点、线、面)、大小、距离、方向、色调等;时间特征是指事物出现的前后次序、持续时间、出现频率、节奏快慢等;运动特征是指事物的运动形式(平动、旋动、滚动)、空间位移、形状变换等。

事物的这三种特征构成了形形色色,丰富多彩的教学信息。

媒体在传播教学信息的过程中,起到辅助和促进教学的作用。

(一)媒体的教学功能

1.提供感性材料,加深感知深度

媒体为学习者创设良好的学习环境,提供充分的感性材料。媒体既可以向学习者提供各类感知材料,例如,用幻灯片、电影、电视、录像等手段呈现事物的形态或过程,为学习者展示事物真实的情况,促使学习者去感知,加深印象。媒体提供的感性材料,有时是在现实生活中难以观察到的。例如,植物生长、花开花落,都可以借助媒体表现时间、空间和运动特性的能力,用摄像机间隔拍摄,然后再在几十秒钟内播放,生动地呈现其几天甚至几个月内的变化情况。

2.提供具体经验,促进记忆理解

美国心理学家布鲁纳(J. B. Bruner)认为,当人们缺乏有关经验而需要进行学习时,如果教学按照从具体经验到使用符号表现的抽象经验的顺序进行,则学习容易达到效果。教学媒体能提供丰富的具体经验,包括直接的具体经验,如实物模型、录像模型等,也包括间接的具体经验,即各种媒体提供的有关实际事物的形象。间接的具体经验不如实际事物那样具体生动,但它们比实际事物更有代表性,抽象层次较高,有利于学习者理解和记忆。

3.克服时空障碍、丰富课堂教学

课堂教学涉及的事物非常多,只靠语言的描述无法使学习者获得深刻的印象。媒体具有不受时间、空间的限制,把记录、存储的内容随时重现的特性。无线电与广播电视是受同时性限制的媒体,即传播者与受播者必须同时行动。但录音机、录像机等打破了这种限制,被录音机或录像机记录下来的声音或事物运动、变化过程,可以随时重放,不受次数、时间、空间的限制。媒体的这种特性,对人们的学习非常有帮助。如要学习历史知识的人,不必要也不可能回到遥远的古代体验生活,但可以通过戏剧和电影体验当时人的感情与生活,获取历史知识。

(二)媒体的使用目标

媒体在教学过程中能起各种各样的作用。在媒体选择时,作为设计者首先要明确运用媒体的目的是什么(即要起什么作用),这便是媒体的使用目标。

通常媒体的使用目标包括如下几种。

1.呈现事实

媒体能提供有关科学现象、形态、结构,或者是史料、文献等客观真实的事实。

2.创设情境

媒体能提供有关的画面、动画、活动现场等,说明故事的情节,展示特定的情境。

3.提供示范

媒体能提供一系列的标准行为,如语言、动作、技能等,供学生模仿和练习。

4.解释原理

媒体能提供典型事物的运行、成长、发展的完整过程,解释其特点和规律。

5.探究发现

媒体能提供典型现象或过程,通过设置疑点和问题,让学生进行探究和发现。

(三)媒体的特点分析

多媒体教学课件中的媒体类型主要包括文本、图形、静态图像、动画、音频和视频。从信息呈现的角度进行分析,它们有如下特点。

1.文本

文本是抽象层次比较高的素材,需要学习者有较强的阅读能力。文本的呈现受文字的大小、颜色、字体、样式、位置等因素的影响，在多媒体教学课件中，文本的制作，要能让学习者自主控制文本的呈现时间，从而提高计算机环境下阅读文本的优越性。

2. 图形、图像

图形是多媒体教学课件中应用最多的素材，常用于界面设计、背景设计、插图设计等。图像的色彩比较丰富，形象逼真、层次感强、表现力强，其显示的内容，时间长短都可由学习者控制，非常适合学生学习使用。

3. 动画

动画是对事物运动、变化过程的模拟。一般来讲，动画的制作需要借助专门的工具软件，有二维的，也有三维的。在这类工具软件中，制作者需要借助对事物变化运动、变化过程分析的结果，构建事物运动的环境与类型。这种制作动画的过程，忽略了事物运动、变化过程中的次要因素，突出强化了其本质要素。因此，动画有利于描述事物运动、变化过程。此外，经过创造设计的动画更加生动、有趣，有利于激发学习者学习的兴趣和积极性。

4. 音频

音频包括波形音频、CD-DA 音频和 MIDI 音频。波形音频是记录声音的最直接形式，对记录与播放的环境要求不高，因此在媒体教学课件中应用最多，缺点是数据量比较大；CD-DA 音频又称数字音频光盘，是高质量立体声的一个国际标准；MIDI 音频的播放需要借助解释器，因此对环境要求比较高，但由于其数据量比较小，非常适合在要求有背景音乐的场合使用。音频属于过程性信息，有利于限定和解释画面。此外，在教学中利用音频传递教学信息，是调动学生使用听觉接受知识的必要前提。标准的解说、动听的音乐有利于集中学生学习的注意力、陶冶学生的情操、激发学生学习的潜力。

5. 视频

与动画媒体相比,视频是对现实世界的真实记录。借助计算机对多媒体的控制能力,可以实现视频的播放、暂停、快速播放、倒序播放、单帧播放等功能。视频具有表现事物细节的能力,适宜呈现一些对学习者感觉比较陌生的事物。它的信息量比较大,具有更强的感染力。通常情况下,视频采用声像复合格式,在呈现事物图像的时候,同时伴有解说效果或背景音乐。当然,视频在呈现丰富色彩的画面的同时,也可能传递大量的无关信息,如果不加鉴别,便会成为学生学习的干扰因素。

(四)选择媒体的类型与内容

在设计多媒体教学课件时,关于媒体信息的选择与设计,需要根据对教学内容与教学目标分析的结果和各类媒体信息的特性,合理选择适当的媒体信息(如文本、图形、图像、动画、视频、解说等)和具体内容,实现原定的媒体使用目标,并把它们作为要素分别安排在不同的教学内容(知识点)中。

(1)图像显示常常引起心理上的言语和表象。词汇显示能引起心理表象(类似图像)以及心理语言,数字的显示也能引起言语的或图像的处理过程。这样的双重处理过程并不一定必须出现,但当它们出现时是有益于学习的。

(2)视觉对空间上的变化特别敏感,而听觉则对时间上的变化特别敏感。言语可以通过任意一种形态感知:既可从阅读印刷文字感知,又可从听取口头讲话来感知,而图像一般只能通过视觉接受,这些感觉的不同影响着教学。

第四章　计算机辅助教学课件概述

第一节　计算机辅助教学课件的内涵

随着信息技术的日益发展，计算机已成为现代人生活中不可或缺的重要工具，其在教育领域的运用也更加普遍。以计算机为主体的教育现代化已成为当下教育手段的一种重要形式，也是现代教育发展的必然趋势。

一、计算机辅助教学课件的概念和类型

计算机辅助教学离不开相应的课件。网络化的发展加速了教学课件的开发与运用。在当前的教学领域中，各类 CAI 课件不断涌现，但其中具有较高质量的优质课件数量寥寥。为适应现代化教育的需要，开发融合科学性、教育性于一体的课件，是顺应教育改革的必然之举，也是值得教育工作者研究的重要课题。

（一）计算机辅助教学课件的概念

CAI 课件是实现计算机辅助教学的具体形式，从这个角度上来说，CAI 课件可称为教学软件，是教育者根据自己的教学理念，运用现代教育技术，将教学目标、教学步骤、教学模式与策略，乃至教学评价等内容编入计算机程序，向学生展示，旨在帮助教师更好地完成教学任务，提升教学效果。因此，在一定程度上突出教学目标、反映教学内容、呈现教学结构、把握教学重难点，并体现一定的教学策略是 CAI 课件的基本特征。

作为一种教学软件，CAI 课件是被人为设定的与教学相关的程序系统。由于人的差异性的存在，课件的内容与形式、质量等也大相径庭，根

据课件所包含的知识量，分为以下几种。

1. 堂件

堂件是一种简单的课件形式，所含知识量较少。它是以某一知识点为教学内容，结合一定的教学策略的教学软件，其作用是化抽象为具体，化单调为生动、形象，旨在帮助学生理解、消化较抽象的教学内容或知识点。堂件的制作一般不复杂，其作用类似于"动态挂图"。

2. 一般课件

相较于堂件而言，一般课件所含知识量较多，通常包含一章或一门课程的内容。在教学模式的选择上，其也不同于堂件，而是基于软件的特点融合了多种教学模式。该软件系统涉及课程内容、练习、测验、评价、反馈等多种教学活动，既是辅助教师教学的工具，也是辅导学生巩固知识的重要途径，学生可在计算机终端自由安排学习。鉴于这类课件所含内容相对较多，需使用多种程序设计技术，因而，制作要求较高，需要投入较多的时间和精力，制作周期较长。

3. 系列课件

不同于前两种类型，系列课件涵盖更多的内容。该课件不限于某一课程内容，与所授内容相关的各门课程都可以在系列课件中集中体现，在教学模式上，也可以综合运用多种模式，在课件教学过程中，可以灵活选择不同模式，各模式相互融合。作为系统的教学软件，系列课件的形成并不是随意的，其主要由三大模块构成，即教学法模块、课程管理模块、教学管理模块。

课件是存储、传递和处理教学信息的软件，对于学生而言，课件在辅助完成教学任务的同时，也提供了多种便于学生操作的功能。如课件的互动功能，可帮助学生选择适合自己的课件内容，制订学习计划，记录学习情况，进而系统地进行评价。系列课件具有较为完善的功能、丰富的内容，是未来CAI课件教学的主流形式。

(二)计算机辅助教学课件的类型

CAI课件可依据不同的分类方式,分为多种类型。其中,以结构划分,可将CAI课件分为固定型、随机型、生成型、智能型。

1.固定型

这一类课件是一种基于设计人员预先设定的程序来进行教学活动的课件形式。其要求设计者全面熟悉课程内容,了解各单元的内容,乃至学科间知识的联系,能够对各单元教学内容的呈现和单元之间的转移进行有效控制。学生只能被动地遵循设计者的教学程序来学习,这是固定型课件的主要特点。

固定型课件的优点是程序设计不至于太过复杂,简单易行,对于教学内容单元间转移的有效控制,实现的可能性也较大,因而,教学效果较好。

固定型课件的缺点是严格按照课件实施教学,过于刻板,不能够及时地根据课堂状况,以及学生的情况做出相应的调整,这种固定的课件结构,不利于激发学生学习的积极性和主动性,影响学生产生学习兴趣。

2.随机型

随机型课件由一个主程序和若干个子程序组成,主程序主要是对教学目的、学习方法和教学项目的阐述,而子程序则具体呈现各种教学内容和教学策略。这一类型课件的特点是学生可以相对自由地选择主程序所呈现的内容。从这一点上来说,随机型比固定型更具有针对性,因而,其优点也是显而易见的,即给予了学习主动权,能够激发学生学习的主动性,使教学过程目的性更强。

随机型课件虽然有自身的优势,但其缺点也不容忽视,即教学内容不够丰富,囿于该类型的结构特点,虽然在一定程度上给予了学生选择的权利,但这种选择是在给定的范围内的,在程序内容的设定上也并没有结合学生的实际情况,因而,算不上真正的因材施教。

3.生成型

生成型是利用某种数据结构和预先安排的算法,产生与学生知识水平相适应的、教学内容多变的一种课件结构形式。生成型结合了前两种课件类型的优势，并在此基础上发展而来。其特点是课件内容不是预先设定的，而是在学生与计算机的交互过程中生成的，即向学生提供的教学信息是基于学生的反馈生成的，符合学生的学习需求，交互的过程是不断进行的，因而生成型课件是一种动态的课件形式，教学内容随着人机互动的深入而不断丰富。灵活多变是该类型课件的特点。

生成型课件的优点表现为教学内容更具有针对性，很好地体现了因材施教。学生个体具有差异性，导致其对知识的吸收程度不一样。生成型课件在教学过程中，对于基础较好的学生而言，能够使其快速掌握教学内容；而对于成绩一般的学生而言，在经过多次的教学单元内容的学习后，其也能够查漏补缺，进而弥补原来知识的不足，有助于其成绩的提升。

生成型课件的缺点是程序设计比较复杂，数据的统计与分析较为烦琐，工作量相对较大，编制与算法也都比较复杂。

4. 智能型

该类型是较固定型、随机型、生成型而言更具优势的课件，其特点是融合了人工智能的原理和技术。智能型课件又被称为智能计算机辅助教学系统，即 ICAI 系统。

这一系统最大的特点是立足于学习者的实际情况，能够根据学习者不断变化的实际情况，生成教学信息，从而使教学过程和教学策略处于不断变化的状态，以适应学生的特征。ICAI 系统主要由四个模块构成，其中，学生模块是对学生情况的记载，包括学生的学习情况、知识储备、学习能力，以及学习中出现的问题和原因分析等信息，能够作为教学决策的依据，使系统正确评估学生所掌握的知识与能力，进而提供适当的补习材料。

ICAI 系统通过人机界面与学生相互作用，一方面，通过人机界面可以为学生提供适当的学习信息，另一方面，通过人机界面可以获取学生的基本信息，为学生提供更有价值、更有针对性的学习内容。

个别指导模块在与学生模块的互动中，明确学生的基本情况，基于对学生学习特点与状态的了解，分析其基本的学习需求，进而从知识库中检索出相应的知识，以一定的提示序列呈现给学生。

(三)计算机辅助教学课件的基本要素

计算机辅助教学课件一般由学习内容、辅助信息、控制信息、档案信息组成。学习信息是课件的主要内容，课件制作的目的在于辅助教学，向学生传授更为具体、更加丰富的知识。

学习内容是对教学目标的直观反映，偏离教学目标的学习内容的设定是不可取的，在此基础上形成的课件也便失去了课件应有的价值。学习内容是课件必不可少的要素。

辅助信息是为学生更好地学习教学内容而设定的。其包括背景设置、导入新课题所使用的内容。这一要素的作用在于化抽象为具体，使学习内容更为形象、生动，不仅能吸引学生的注意力，还能帮助学生更好地理解教学内容，形成知识间的意义建构。

控制信息可简单地理解为管理教学过程的信息要素，其目的在于维持教学的有效性。学生的兴趣是学习有效性的基础，而有效性也需要一定的标准来进行检验。所以，要做好控制信息这一要素，就需要处理好激发学生学习动机，以及强化评比等信息。

档案信息的作用在于搜集信息，进行教学反馈，以调整优化教学课件。促进教学目标的进一步达成。因此，档案信息包括学生学习的情况和效果信息。

二、计算机辅助教学课件的选题

虽然计算机辅助教学的实施离不开计算机及现代技术，但其中更值得关注的是课件的选题。它关系到课件开发的方向、目标和内容，影响课件开发的途径和方法。选题的好坏也制约着课件的质量水平高低。

(一)选题的基本步骤

课件是教学的辅助手段，因而，课件的选题首先需要建立在对课程总体把握的基础上，通过调研、考察而得出相应的选题思路。因此，文献调研和实际考察—提出选题—初步论证—评议和确定课题为课件选题的基本步骤。教学过程是一个不断变化的过程，因而，对于课件的选题来说，其不应该是一劳永逸的工作，而应是一个不断反馈调整的过程，常常需要反复调研和多次论证。

（二）选题的原则

为了使课件质量更高、价值更大，选题是关键，从提高选题质量入手，需要遵循以下原则。

1. 需要性原则

课件的制作是为了更好地完成教学任务，提高教学效果，因而，选题应避免随意性，要符合教学的需要，针对学习者的实际，有的放矢。其既要符合学习者学习的需要，也要满足教师教学的要求。在现代化教学背景下，各类课件足以让人目不暇接，如搬家式的课件、题海式的课件。这些课件虽符合课件的要求，也是众多课件中较为常见的类型，但其固定化的形式与内容，并不是用户所需要的。只有根据用户需求开发的课件，才是有价值的课件。

由此可以认为，用户需求是课件开发的依据，也是保证课件质量的前提，更是衡量课件质量的一项指标。只有以用户需求为基础的选题，才能使课件的开发者目的明确，有效避免对课件的盲目开发。

任何一种软件产品，功能需求是首要的，此外，还包括性能、可靠性、安全性、保密性，乃至成本消耗、开发进度、资源利用、用户接口等需求。这些都是软件开发所必须考虑的范围。课件作为一种教学软件，自然具备软件的属性。同时，课件也有其自身的特殊需求，主要表现为教学内容需求和教学方法需求等。对于教学内容需求可以从两个方面来理解，即“教什么”和“怎么教”。“教什么”是对教学范围和深度的思考，“怎么教”是对教学手段的思考，即确定如何把教学中的知识内容传递给学生。教学内容的确定依赖于教学目标的定位，对教学内容的把握，就是为了选择合适的教学方法,使教学内容更好地得以体现。教学方法需求是对如何展开教学过程的思考。教学方法服务于教学效果,方法的选择主要基于不同的学习理论,不同理论指导下的教学方法各具特色。

2. 可行性原则

计算机辅助教学课件的选题,应遵循可行性原则。可行性不是只停留在理论层面,还包含了技术、经济及社会效益层面。选题是否具备可行性,首先,应研究使用对象的软、硬件环境,教学与培训内容,是否具备实施课件教学的能力。这个能力不仅包括技术上的,还包括经济上的。其次,研究当前支持课件教学的系统,分析现有课件的优势与不足、现有课件的支持环境,以及现有课件的用户接口。最后,研究课件所能起到的教育效果,这也是对课件社会效益的衡量。作为辅助教学的课件,其存在的价值在于传授知识,因而其本身就具有一定的社会效益。所以,选题得当是提高社会效益的保证。

3. 针对性原则

作为教学软件的一种形式,课件的开发应始终围绕教学功能,体现其辅助教学的价值。课件的选题也应该围绕教学来设定,这就要求课件必须具备很强的针对性,包括是否适应用户的能力,是否解决了教材的重难点问题等。只有面向教学内容及教学对象的选题,才能制作出更加符合用户的条件要求、满足用户需求的优质课件。

4. 科学性原则

科学性是基于科学的理念与行为准则,符合学科特点和教学规律。课件选题的科学性表现在两个方面:一方面是课件内容的科学性,即学科的系统性、严密性、完整性;另一方面是课件符合教学规律,遵循相应的科学理论的指导。

5. 创造性原则

课件的制作是为了满足用户的需求;达到提高教学效果的目的。不同于传统的课堂教学,计算机辅助教学课件的应用,能够丰富教学内容。为使这一优势发挥到极致,在课件选题的过程中,就应该坚持创造性原则。创造性体现在以下几个方面:一是钻研教材所进行的创造性思维;二是设计教学方案的创造性;三是教学方案实施的创造性。

6. 艺术性原则

课件的开发是人的一项创造性活动,人的主观能动性的存在赋予了课件开发的艺术性。另外,不同的开发者及用户不同,也决定了课件的开发也应该不拘泥于一种形式,而应该是多样化的。课件的展示不仅要能体现教学内容,还要有赏心悦目的视觉效果。这能够激发学生的兴趣,对良好的教学效果的达成有着促进作用。这就需要开发者融合多种学科知识,坚持艺术性选题原则,创造性地开发出兼具艺术性和价值性的课件。

(三)选题的内容

选题是课件制作的重要环节,直接影响课件的质量。因此,对于开发者来说,要选好题,不仅需要具备基本的计算机操作技术,还需要对用户进行全面的分析与了解,并了解支持课件的软件及硬件环境。对于选题内容而言,需要注意以下几个方面:一是教学内容的确定,包括教学内容的重难点等;二是教学过程的确定,主要是教学方法与策略的选择;三是有一定危险性或不可重复的内容,以及时间过长的内容;四是重复操作、强化训练的内容。

(四)选题的名称

名称的作用在于让人由名而知其内容,即所谓的"顾名思义"。对于课件选题命名而言,其需要兼顾两个要求:一是定义使用对象;二是明确教学内容的具体覆盖范围。

三、计算机辅助教学课件的认识误区

计算机辅助教学课件给教学带来了便利,是教学手段进步的体现,但并不代表其可以取代传统的课堂教学。正确认识和对待计算机辅助教学课件，并将其恰当地运用于课堂教学之中，是教学智慧的体现。对计算机辅助教学课件的认识误区，主要表现在以下几个方面。

（一）课件使课堂教学变成了计算机多媒体功能展示

计算机辅助教学课件图文兼备，给人带来视觉上的冲击，更以音视频等多种形式给予人不一样的动态体验，足以吸引学生的注意力。如果一味地追求吸引学生注意力，而不顾教学的实际需要，使课件过于注重形式而忽略内容，其实是步入了对课件教学的认识误区。五花八门的画面固然能够吸引学生的注意力，但学生的注意力多被消耗在华而不实的界面上，真正投入与教学相关的内容方面的注意力少之又少。这与课件教学的初衷背道而驰。

（二）课件使计算机变成了投影仪

课件的出现使教师不用频繁板书，这使课堂教学有了更多的时间。一些教师为节省板书时间，在设计课件时机械地将书上的内容或板书"搬"到计算机里，投影出来。殊不知，这也是课件教学认识上的误区。板书的过程是教师引导学生思维的过程，作用在于加深学生的印象。一味地通过课件来展示，看似省时省力，提高了课堂效率，长此以往，缺少了引导学生思考这一环节，势必影响教学效果。

（三）课件一定要体现大信息量

课件能够实现知识的延伸，向学生传递更多的与学科内容相关的丰富教学信息是其优势所在。但由此认为课件一定要体现大信息量是对课件教学认识的误区。课件的功能是辅助教学，服务于教学目标，因而不能偏离教学的主题。

其主要任务在于突出重难点，而非大而全的知识的堆积，缺乏主次的内容安排最终只会影响课件所起到的作用。因此，在设计课件时，应在突出教学重点的基础上，再考虑扩大信息量。

（四）课件使教师成了放映员和解说员

在课件教学的实践中，有的教师将与教学内容相关的信息都列入课件，在上课时，通过点击鼠标将课件内容展示给学生；有的教师图省事，甚至一节课都忙于操作课件，对于知识的讲解也只是照本宣科……教师充当课件的放映员和解说员的角色，这是对课件教学认识的又一误区。理想的教学过程是多边互动的过程，离不开教师与学生的交流。课件教学尤为如此。为防止教学活动陷入机械化的模式，教师应给予学生足够的人文关怀，应注重师生的互动与交流。否则，课件教学将变成“灌输式”教学，不利于学生学习积极性和主动性的发挥，也会影响课件教学的最终效果。

第二节　计算机辅助教学课件开发与制作的演变

一、萌芽——程序教学思想的引入与应用

根据相关文献记载，我国在 20 世纪 70 年代便开始了对课件的研究。这一时期是我国计算机辅助教学课件开发的萌芽阶段，以程序教学的课件开发思想为代表。

（一）程序教学思想在我国兴起的背景

我国程序设计理论于 20 世纪 60 年代由国外传入，最初仅限于对这一理论的生搬硬套，导致教学效果不理想。随着“中学数学自学辅导教学实验”课题组的成立，我国程序设计教学有了突破。它是立足于当时的国情和教学实际而提出的教育思想，批判地吸收了程序教学中的合理因素，在当时具有积极意义。

20 世纪 80 年代，教育理论开始盛行，尤其是行为主义、建构主义理论的发展，为课件开发理论的丰富奠定了基础。程序设计理论也深受行为主义理论的影响，即给教学提供一个活动反应、及时强化和行为定型的过程。囿于当时社会经济发展水平，人们的思想从理论到实践的转化也受到一定的影响。

(二)程序教学及其开发思想

人们普遍认为,程序教学不是现代社会的产物,早在古希腊时期就有其雏形。苏格拉底通过长期的教学实践,总结了一套独特的教学方法,被世人称为“苏格拉底方法”,而他对这一教学方法的命名受其母亲职业的启发,将其称为“产婆术”,即为思想而接生,旨在引导人们形成正确的思想。“师生问答”是其教学方法的主要特色,故“苏格拉底方法”又被称为“问答法”。这一方法强调引导,在教授学生新知识或新概念时,通过问题,让学生思考,得出正确的答案。若学生回答错误,也不是直接纠正,而是再通过另外的问题一步步引导,直到学生回答正确。除此之外,苏格拉底还是第一位程序编制者。他在几何学里创建了程序,被他的弟子柏拉图记录下来。

随后,普莱西于 1924 年制造出第一台教学机器。在很长一段时间内,程序教学研究没有更大的突破,直至 20 世纪 50 年代,操作性条件反射的学习理论出现。这一理论的提出者为斯金纳,他基于该理论成功设计了一台突破普莱西模式限制的教学机器。程序教学正是在这一理论的基础上创造出来的一种教学策略。自此,程序教学经历了灿烂的黄金时期,在这一时期,程序教学和教学机器也进行了一些改进,先后产生了普莱西的“直线式程序模式”、斯金纳的“经典直线程序模式”、克劳德的“内在分支程序”和凯的“适应分支程序”。通过归纳可以发现,虽然它们在程序设计上发生了变化,但也有相似之处。一是突出个性化的学习,教学机器为学习者提供适合其个性化学习的资料;二是强调学习者的参与性学习,教学机器通过创设问题情境,让学习者参与其中;三是强调循序渐进的程序化学习过程,教学机器及时反馈学习者的学习情况,合格方可进入下一阶段的学习。

因此,基于行为主义的程序教学课件开发,就是对教学内容进行程序化处理,强调循序渐进的学习过程,并试图在课件与学习者之间形成刺激,即“刺激—反应—强化”的学习机制。具体而言,其就是在课件开发时预先将教学内容进行分割,在各分割部分之间建立逻辑联系,然后按照循序渐进的步骤，逐一落实。同时，在课件中设置强化机制，是对学习者知识掌握情况的反馈，通过回答教学机器预设的问题，答案正确为合格，给予肯定强化，课件中一般会出现赞赏的文字或声音提示，继而引导学习者转入下一阶段的学习。而对于错误的回答，则会出现鼓励性的文字或声音提示，学习者可重新提交答案。按照此程序，逐步引领学习者达到学习目标。

随着人们认识的不断深入以及实践经验的不断积累，程序教学课件开发思想在内容和范围上都得以突破，表现在以下几方面。首先，刺激形式的多样化。计算机可提供诸如文字、图形、声音等多样化的动态信息，在课件与学生之间形成刺激。其次，不再局限于固定化模式的选择性反应机制，而允许学生输入构造的，甚至是算法性的应答。最后，突破了强化的范围，不再局限于对学生回答正确与否的评定，而是判定学生应答正确程度、错误的性质与根源并提供最适宜的反馈信息。

二、直观、认知和积件——我国课件开发思想的兴起

（一）直观教学课件开发思想

1.直观教学思想概述

直观，即便于直接观察的。直观教学课件即通过感官，可直接感受到的课件形式。17世纪捷克教育学家夸美纽斯对直观教学有着清晰的认识，他提倡感官教学，提出感官是知识教学的媒介，主张充分利用人的五官功能，利用图片和模型，可提高教学效率。随后，教育学家赫尔巴特等人延续并发展了他的这一思想，并提出了直观教学思想，并影响了我国教学课件的开发。

直观教学强调人的多种感官的协调，通过对事物进行直接观察和体验而使学生获得感性经验，为理性知识的获得打下基础。直观教学的主要观点可概括为以下几点。

第一，知识的获取离不开感性经验的积累，需要通过事物的表面现象

探知其背后真理。在学校教育中，对于抽象的教学内容，借助图片、实物模具或联系学生的生活经验，有助于更为直观地呈现，给人以深刻印象。

第二，教学重视学习者多感官的协调。充分调动视觉、听觉、嗅觉、触觉等，有助于学习者对知识的强化，激起更广泛的大脑活动区域。所以，在直观教学中要善于调动学习者眼、耳、手、口的相互作用，保持眼看、耳听、手动、口说的一致性。

第三，演示、观察不是教学目的，而是教学手段，旨在通过观察而进行必要的抽象思维，并由此上升到规律、定理、判断等思维层面，获得理性认识才有意义。

2. 直观教学课件开发思想的要求

随着时代的发展，特别是进入 20 世纪 90 年代以来，人类逐渐进入数字化时代，以数字多媒体为基础的现代技术为直观教学课件的开发奠定了基础。故而直观教学课件开发思想便是开发者基于直观教学思想与数字多媒体技术，灵活运用多媒体的图文以及音视频并茂的特点展示事物和现象的课件开发理念。

具体要求如下。

第一，所提供实物模型应尽可能贴近学生生活。采用计算机多媒体技术要尽可能多地呈现直观生动的感性材料，便于学生建立知识间的联系，促进其知识的迁移。计算机多媒体的优势还在于打破了时空限制，根据教育、教学的需要，灵活地将教学内容以形象、生动的方式再现于课堂。

第二，以多种媒体符号展示事物和现象。多媒体的特点是集图形、图像、声音、动画、视频等元素于一体，直观教学便是借助数字技术，将多媒体充分运用于课件中，使呈现教学内容的直观材料更加丰富。

第三，作用于学生多种感官。多种感官的协调有助于学生观察习惯和观察能力的养成。其具体要求如下。一是强调教学内容的直观性，直观教学课件开发思想指导下的直观资料的呈现，应围绕学生的生活实际，选取日常物品、自然现象、科学探索等易于学生接受的材料；二是多媒体的充分运用，为多感官学习创造优良环境；三是基于多感官通道，建立形象材料与抽象知识间的联系，通过总结提高，达到课件教学的目的。四是课件内容的组织应符合学生和教学的实际情况，包括学生知识水平、教材难度、教学目标等，因此，直观教学的课件开发思想受到限制，一般常见于低年级的课件或者以言语知识为学习目标的课件中。

（二）认知结构化课件开发思想

1. 认知结构化课件开发思想的产生背景

随着人们的认识的不断深化，人们对行为主义学习理论产生疑问，认为其缺乏对人的心理活动的关注。人们对信息选择、接受，以及对信息编码、存储、提取与使用过程的研究，刺激了认知学习理论的产生与兴起。然而，很长一段时间内，认知主义学习理论并未完全取代行为主义学习理论，一方面是由于认知主义学习理论从形成到成熟需要一定时间；另一方面是课件开发者受行为主义影响深远。对于我国课件开发而言，其理论的不断成熟和影响不断扩大，促使我国课件开发逐渐形成了认知结构化的开发思想。

2. 认知主义学习理论的基本观点

认知主义学习理论的基本观点包括以下几点。第一，人不仅是学习的主体，也是认知的主体，学习的过程是人作用于环境的过程，环境对人的学习产生潜在的刺激，促进人的认知结构的不断完善；第二，人获取信息的过程也是人的认识在“刺激—感知—注意—记忆—理解”过程中积累的过程；第三，环境对人的作用是绝对的，而人对环境的刺激、感知、注意等却是选择性的，取决于人的主观意识。所以认知主义学习理论强调个体内在的心理结构和认知结构的重要性。

3. 认知结构化课件开发思想的信息编排结构

通过将外在事物间的联系内化为学习者的认知结构，为此，在课件的教学信息设计上，认知结构化课件开发强调如下几种信息编排结构。一是螺旋式结构。以基本概念为基础，对概念的呈现力求具体、形象。根据抽象程度的不同选择不同的呈现方式，即螺旋式结构。二是层级式结构。知识的学习是不断积累的，都经过了由简单到复杂的层级过渡，因此，课件的结构可设计成层级式的。三是先行组织者结构。要对头脑中已有的知识与教材中新知识建立联系，就需要设计先行组织者结构，以引导性的内容，给学习者一个同化新知识的认知框架。

（三）积件开发思想

1. 积件开发思想的产生背景

教育现代化的不断发展，促使学校教育理论、教育手段也随之发生了变化，多媒体辅助教学的运用更为普及。然而，如何有效发挥计算机在学校教学中的优势，是学校教育者面临的一个现实问题。在这一时期，计算机辅助教学存在的问题主要表现在以下几个方面。一是课件的教学适应性问题。课件服务于教学，课件的内容与形式都是固定的，而教学却是复杂的过程，一种课件很难保证同时适应不同的教学情境。二是课件禁锢了师生的主观能动性。课件的内容，乃至教学安排都是固化了的程序，师生的互动也离不开这个程序的设定，在一定程度上影响了师生主观能动性的发挥。三是抑制了师生的意志与思维。课件的开发者力求课件的完美，会过多地从教学理论和优秀教师的经验方面来设计课件，造成以少数人的意志代替多数人的思想。

为解决这些问题，教育者经过不断研究与反思，发现课件教学效果与所制作的教学片段的长度成反比。有人将此片段教材称为“插件”。这为日后的课件开发奠定了基础。

2. 积件开发思想的作用与核心理念

积件是一个形象的比喻，即类似于储存积木的仓库，积木仓库是积件库，积木就是知识材料，搭积木的工具便是积件组合平台，搭积木者便是师生。积件的作用在于：一是为师生提供丰富的信息素材；二是通过积件组合平台方便师生自由地组合教学材料，完成教学任务，这一过程类似于

"搭积木"。积件的优势就在于赋予了师生一定的选择权，弥补了之前课件设计在这一方面的不足。

积件是构成课件的基本教学元件，积件设计的核心理念就是将积件与教育思想、教学方法、学习理论"脱钩"，使之成为教师和学生教学活动的工具。

三、传授与建构——我国课件开发思想的多样化发展

这一时期的课件开发思想朝着多样化的方向发展。下面选取其中较为典型的几个加以分析。

（一）定位于课堂教学的课件开发思想

这一开发思想是以主知主义为理论指导，以班级模式为特征的信息化教学课件开发思想。所谓主知主义，是把传授知识和发展理智作为教育和教学过程的基础与目的的教育思想。此类课件开发定位于教师，其目的不仅在于提高教师系统传授知识的能力，也在于提升学生对所教内容的掌握程度。围绕这个目标，进行相应的课件设计。

首先，需要明确这类课件教学类似于传统的课堂教学，教师需要先对教学内容进行必要的讲解，进而以相关的问题引导学生理解、深化、掌握，并能够运用这些教学内容。这类课件在内容的安排上与传统课堂教学中的备课相类似，不同的是，课件参与的教学，不仅让教师在课堂上更为轻松，也让学生更为直观地了解到教学内容的重难点，便于师生把握教学的进度。其次，在传统课堂上，为增强教学的生动性，教师穿梭于课本、教案，以及挂图、幻灯片、投影仪等教具之间，若遇到突发事件，缺乏经验的教师教学节奏会受到影响，甚至造成课堂教学混乱等情形。而定位于课堂教学的课件在设计中就明确了教学内容和教学逻辑结构，在教学过程中，可将教学内容直观地呈现出来，即使遇到突发状况课堂被中断，教师也能够通过课件提示，很快恢复正常教学。

对于这类课件的开发，一般需要课件开发者尽可能多地提供充足的积件，在设计中将积件整合于课件。在教师看来，课堂定位课件是教学内

容的信息化传递工具，强调根据知识内在性质和逻辑结构来组织教学内容，注重科学概念、基本事实、基本原理和科学体系，为教师的课堂教学提供了良好的工具。

（二）定位于个人自学的课件开发思想

定位于学习者个人自学的课件，是为学习者创设自主学习环境的课件开发思想。其有别于灌输式教学，注重学习者学习能动性的发挥。这种定位的课件开发理念注重从学习者的实际情况出发，尽可能满足学习者的学习需求，以人机交互、意义建构、游戏等方式引导学习者思维朝着“最近发展区”前进，实现知识的迁移与应用。

对这一课件开发思想的理解可以从以下方面进行把握：一是课件的设计以学习者为中心，学习者是课件设计的前提，需要考虑学习者的认知结构、学习动机等；二是课程内容不是固定的，而是随着主体情况的变化而变化的；三是师生关系不受课件的影响，课件的应用替代了教师一部分的职能，课件成为师生间互动的平台，但师生关系并未因此发生变化，教师仍然是教学活动的实施者与参与者。

此类课件一般包括情境导入、探究新知的功能模块，在内容的设计上，通常不仅包含课前预习、课内知识，还包含用于巩固知识点的练习题和答案，作为对课堂学习的一种补充。此类课件具有较强的针对性和可操作性，因而受到学习者的青睐。

对于这类课件的设计，需要把握两个方面。一方面，由于个性化和交互性是 CAI 的明显特征，因而定位于个人自学的课件设计，就应该充分发挥 CAI 的特性，从个性化和交互性两方面进行课件功能的设计，充分考虑课件用户及其专业特长，满足不同用户的学习需求。另一方面，信息载体的多样化是课件所独有的，不同于传统教师单纯的说教，课件教学不仅需要教师的讲解，而且需要加大多媒体的应用力度。因为，从学习者的学习情况看，集图文、声像于一体的多媒体，更能够调动学习者自主学习的积极性。但长时间地面对显示屏或投影仪，同样会让人产生视觉疲劳，不利于学习者注意力的集中，所以教师适时地进行干预，能够起到很好的引导作用。

定位于学习者个人自学的课件开发思想，以学习者的个性化学习为基础，并且在其他方面有了新的发展。一是继承了认知心理学理论，强调学习者的学习动机等因素；二是强调以学习者为中心，创设轻松愉悦的学习情境和交互环境；三是非程序化的自定步调学习，使学习者拥有更多自主权。

（三）定位于协作学习的课件开发思想

协作学习是建构主义理论指导下的教学思想，是以小组合作或团队协作为基础的学习模式。在合作学习过程中，学习者可以将自己探索、发现的信息和学习资料分享给小组中的其他成员或是其他小组，实现资源的共享。为了达到学习目的，小组成员可以采取多种形式，如对话、讨论等，有助于发展学习者个体的思维能力，增强生生间的沟通能力。

网络化的发展为小组合作学习提供了良好的网络环境。以计算机为基础的协作学习应运而生，它是在计算机支持的协同工作和协作学习相融合的基础上发展起来的，是传统合作学习的延伸和发展。华南师范大学赵建华教授认为，计算机支持的协作学习有三大特点：其一，强调协作学习中学习个体的责任，个体是群体中的一部分，只有明确个体职责，才能保证协作学习的方向及有效性；其二，强调在集体中发展个人的知识与技能，个体能动性得到发挥，才能促进群体智慧的凝聚，提高群体的工作效率和质量；其三，协作学习的过程是学习者相互交流、探讨，发现问题、解决问题，从而获取知识的过程，教师的作用不是灌输知识，而是对学习者的协作加以引导。

鉴于此，定位于协作学习的课件开发就应该符合计算机协作学习的特点。以交流、协调及信息共享为目标，建立学习小组，对小组或群体的学习过程进行控制，形成双向或多向的沟通交流、互帮互助的学习界面，最大限度地体现学习者学习的自主性。

值得注意的是，定位于协作学习的课件开发的关键在于，其能够引导学习者通过探究发现问题、解决问题，更重要的是让学习者在协作解决问题的过程中，培养了分析问题、解决问题的能力，以及知识迁移与应用的能力。

第三节　计算机辅助教学课件的理论依据和价值

一、计算机辅助教学课件开发的理论依据

思想是行动的先导，优质的课件制作必须以一定的科学理论为指导。

（一）建构主义学习理论基础

随着教学理念的不断进步，以及心理学家对学习过程认知规律研究的不断深入，过去强调"刺激—反应"并把学习者看作对外部刺激的被动反应的行为主义学习理论已逐渐被淡化，取而代之的是强调认知主体对信息的自主加工过程的建构主义学习理论。网络和信息技术的发展为认知主体的自主学习创造了条件，能有效地促进学生的认知发展。随着时代的不断进步，建构主义学习理论越来越凸显强大的生命力，成为课件开发的重要理论基础之一。

课件开发的目的是指导教学，服务于教学，让学生在新的教学模式中发挥积极性、主动性，从而提高学习效果。这正符合建构主义的学习理论。建构主义学习理论的杰出代表是皮亚杰，"同化—顺应"认知模型是其理论的一大精髓。他认为人的认知结构是在同化和顺应交替中逐步建立起来的，并在"平衡—不平衡—新的平衡"的循环中不断丰富、提高和发展。人类的认知离不开学习的过程，建构主义学习理论由此产生。

1. 建构主义学习理论的属性

人的认知离不开学习的过程，学习是获取知识的有效途径。而建构主义认为知识不是被动地接收，而是认知主体在一定的情境下，通过自身的努力，借助一定的外力的帮助，包括教师和学习伙伴，乃至可供利用的工具、设备等，获取必要的学习资料，通过意义建构的方式获得。由于学

习是在一定情况和背景下，借助他人的帮助而实现的，因此，情境、协作、会话、意义建构便构成了建构主义学习理论的四大要素。

(1)情境

情境是认知主体所处的环境，因此，在建构主义学习理论指导下，课件设计除考虑教学目标外，还应该将情境纳入考虑的范围，创设有助于主体对所学内容意义建构的情境。情境是课件设计的重要内容之一。

(2)协作

建构主义学习理论强调协作的能力，协作贯穿于学习过程的始终。通过协作，达到能力的提升，完成主体难以独自完成的工作，如资料的搜集与分析、假设的提出与验证、学习成果的评价直至意义的最终建构等。

(3)会话

协作的过程，离不开会话，会话是商讨的前提和基础过程，是建构主义学习理论指导下主体获取知识的重要环节。学习小组间通过会话才能达成对学习任务的共识。此外，会话的过程也是小组成员思维凝聚的过程，是达到意义建构的重要手段之一。

(4)意义建构

意义建构简单地说就是对事物的本质、规律及内在联系形成全面的认识，是建构主义学习理论指导下学习的最终目的。在学习过程中，意义建构是认知主体需要对知识形成一种深刻的理解，这种深刻表现为不仅了解知识本身，而且对知识间的相互联系形成一种认知结构，即所谓的“图式”。

2.建构主义学习理论教学过程中的四要素

教学是基于多边关系的互动，尤其是现代教学技术的发展更是丰富了教学手段，使传统的教师、学生、教材的互动，转变为教师、学生、教材、媒体的互动。

因此，基于这四项的互动主体构成了教学过程中的四要素。

建构主义强调以学习者为中心的建构理论，突出学习者的主体地位。

教师是意义建构的帮助者、促进者，其作用在于引导学生进行知识的建构，帮助学生形成对知识的正确认知。对于学生而言，教师不再是知识的提供者与灌输者。

学生是学习的主体，在教学过程中，学生始终处于重要地位，不可替代，也不容忽视。在建构主义学习理论的指导下，学生是知识的探索者，是意义的主动建构者，而非被动的接收者，这些都基于学生主观能动性的发挥。

教材是知识的载体，是教师引导学生获取知识的途径之一。教材的作用不仅是为学生提供直接的知识，还为其提供意义建构的对象。

媒体作为教学工具，在建构主义学习理论的指导下，应该成为学生主动建构知识的助力，通过媒体创设情境，使学生在协作、会话中完成知识意义建构。

学生要想真正成为意义建构的主体，需要做到以下几点：一是发挥学习主体的主观能动性，积极主动探索，去建构知识的意义；二是在学习过程中，需要学生继续发挥主观能动性，主动收集并分析有关数据和资料，并积极发挥思维的能动作用，善于发现问题，尽可能地提出各种假设并努力加以更正；三是对所学知识进行意义建构，使知识间形成联系，积极思考并灵活运用。联系与思考，对于意义建构来说，是必不可少的，将其与协作学习中的协商与会话相结合，势必显著提高意义建构的效果。

要扮演好学生意义建构的辅助者的角色，教师需要从以下几个方面着手：一是注重对学生兴趣的引导，帮助学生形成学习动机；二是创造条件，创设有助于学生意义建构的情境，引导学生思考并探寻知识之间相互联系的线索，形成知识体系，帮助学生建构所学知识的意义。

为保证意义建构的质量与效率，教师还应组织协作学习，给予学生强调协作与会话的机会，并通过适时引导以保证意义建构的有效性。一是针对所学内容，在整体把握的基础上就某一知识点对学生提出问题，引起学生思考与讨论；二是在讨论中，循循善诱，不断深化问题，以加深学生对知识的理解；三是发挥辅助者而非灌输者的作用，对学生进行引导、启发，而非灌输，引导学生自己去发现规律、总结规律，纠正对自身的错误认识。

建构主义学习理论是指导教学的先进理论，将其用于指导计算机辅助教学课件的设计，同样具有重要意义。

（二）现代教学理论基础

教学理论支撑着教师的教学活动，现代教学理论是社会不断发展进步的产物，影响教师的教学理念与教学方式的形成。

1.教学目标

在现代教学理论指导下，计算机辅助教学的实施，单从教学目标上来说，并未因计算机的介入而改变，计算机只是作为一种实现教学目标的手段，在一定条件下，有助于促进教学目标的达成。

教学目标是教学的方向，是教学活动的出发点和归宿，应贯穿于教学活动的始终。任何一门学科教学活动的有效开展，都离不开教学目标的引导，都需要切实可行的教学目标的支持。在教学过程中运用计算机辅助教学，课件的制作应围绕教学目标展开，这样对于教学目标的完成才具有积极作用，才堪称为实现教学目标而服务的先进课件。

现代教学理论强调从三个方面突出教学目标，即知识能力、过程方法、情感态度，要求教学的过程，不仅要注重对学生知识能力的培养，更要注重对学生素养的培养，科学观、学习方法的养成。多样化的教学目标，旨在将学生培养成全面发展的人才。这是素质教育的目标要求，也是现代教育的终极目标。计算机辅助教学课件在设计中应充分发挥自身功能，针对不同的教学对象，在不同的教学阶段制定不同的目标，使教学有的放矢，为终极目标的实现奠定基础。从这一点上来说，现代教学理论支持教学过程中对于计算机辅助教学课件的运用。

2.教学过程

现代教学理论对于计算机辅助教学课件在教学过程中的运用可行性与否，着眼点不同，其所关注的焦点也随之变化。着眼于教学过程时，其主要看计算机辅助教学课件能否有助于教学过程的优化。一般而言，计算机对教学的优化主要通过对教学各个环节的优化来实现。通常来说，课堂一般分为四个环节，即导入、学习、检验、结束。每一个环节的优化，都可以发挥计算机的功能。

(1)对导入环节的优化

导入是一堂课的开始，导入的效果直接影响后一环节的教学质量。导入的目的在于引出新的内容，对于学生来说，教学内容需要有足够的吸引力，才能激发其学习的兴趣。将计算机辅助教学应用于导入环节，利用其声音、图像、视频、动画等形式，在课件中创设极具吸引力的情境，引出学习的新课题和学习目标，可以促使学生产生浓厚的兴趣，激发学生的学习热情。

(2)对学习环节的优化

这一环节是学生学习新知的过程。学生对于新知识的获取有两种途径：一种是以教师传授为主；另一种是以学生自主探究为主。现代教育理念强调两者兼顾，既要突出学生的自主性，也要重视教师的适时引导作用。计算机辅助教学应用于这一环节，尤其是应用在课件的制作过程中，对于以教师讲授为主的方式来说，可以通过具体的、形象化的设置，来弥补语言无法表述的抽象的知识或概念，结合教师的讲解，能够加深学生对于知识的理解；对于以学生探究为主的方式来说，计算机辅助教学的应用为学生自主学习创造了条件，为其获取学习资料提供了便利。课件教学丰富了课堂形式，有助于开阔学生视野，活跃其思维，还可以为教师、学生、计算机的交互创造条件。计算机能及时获取和探究学习过程中的反馈信息，为了解学生对于知识的掌握情况以及对教学策略的优化调整提供依据。

(3)对检验环节的优化

学习新知识的目的在于运用，检验环节既是巩固知识的过程，也是对学生知识掌握情况了解的过程，更重要的是学生通过掌握所学知识，实现知识的举一反三、灵活运用的过程。因此，对这一环节的设计尤为重要。计算机辅助教学课件在这一环节的应用，能够综合学生所学知识与其他相关知识内容的联系，针对不同能力层次的学生设计与之能力相匹配的各种问题情境，能够很好地安抚学生的情绪，提高检验效果的准确性，有利于学生思维的开拓。

(4)对结束环节的优化

研究表明，学生的注意力在课堂接近尾声的时候大部分都已消耗殆尽，而教师一般都会在临近课堂结束的时候对课堂内容进行总结，这对于学生巩固知识、加深印象很重要。这时候如果学生注意力不集中，教师的课堂归纳就会流于形式，对学生起不到应有的作用。计算机辅助教学课件应用于这一环节，能够通过优化设计，一方面，带给学生不一样的课堂体验，唤醒其疲惫的大脑，使其注意力重新得以集中；另一方面，课件实现全方位、多角度地对知识进行综合概括，从而达到优化结束环节的目的。

二、计算机辅助教学课件的价值

随着现代教育技术的不断发展，网络教育将逐渐盛行，课件将会在未来的教学过程中发挥越来越重要的作用。

一是在教学过程中存在一些比较抽象的内容，诸如概念、定义等，还存在一些难以呈现的实物，或难以用语言表述清楚的内容，给学生造成一定的理解障碍，而借助计算机辅助教学课件，能够将这些缺憾与不足，以具体、生动、形象的方式表现出来，更便于学生的理解。计算机辅助教学课件融入课堂教学，课件代替了传统的黑板、粉笔等教学工具，课件中包含了教学目标、知识点，以及相关的拓展知识等内容，尤其是课堂板书也可以通过课件展示，这些工作都在备课阶段完成，这样可以提高课堂效率，在相同的时间内可以向学生传递更多的知识。

从技术与设备上来说，一方面，计算机辅助教学课件是教师智慧的结晶，教师能够将自身所学以优质的课件形式展示出来；另一方面，计算机辅助教学课件能够为学生营造良好的学习情境，无论是从视觉上还是从听觉上，给予学生不同于传统教学的体验，能够调动学生的主观能动性，刺激学生的思维发展，加深学生对知识的理解。

二是“教师＋书本”的模式，囿于教师水平及书本条条框框的限制，对于知识的传授毕竟有限。而计算机辅助教学课件能够承载较为丰富的信息内容，按照预先设定好的程序进行，能够提高教学效率，在教学时间有限而教学任务繁重的教学现状下，课件成为缓解学时矛盾的有效手段。

计算机的出现为人们带来了极大的便利，其强大的内部存储功能，成为信息储存的主要载体。计算机辅助教学课件就是借助计算机的这一优势，根据教学的需要，将不同形式的教学内容，如图片、音频、视频、文字等信息建立多媒体教学素材库，也可将教案、习题、模拟实验、参考文献等列入素材库，然后根据教学的需要，通过快速选取库存资料，将相关素材直接用于课件的设计，节省了教师备课的时间。在课件内容的安排上，针对学生的能力以及教学的目标，将重难点知识或是抽象的、不易于语言表述清楚的教学内容，通过动画演示、模拟实验等方式展现，给予学生更直观的体验。这样不仅能够很好地完成教学任务，让学生透过抽象的概念深刻地领悟概念的本质与规律，还能让学生对该部分内容留下更加深刻的印象。

三是从课件的制作来说，课件是由具有丰富教学经验的教师设计制作的，凝聚了教师的智慧和心血。为使课件的质量更优，收到更好的效果反馈，在设计前，教师都会做足准备工作。从这一点上来说，课件对于促使教学内容更加规范有序具有积极作用。在课件制作前，对学生的了解必不可少。优秀的课件开发者都会尽可能地了解学生的基本情况，包括了解他们的需求、知识储备、能力水平、兴趣爱好，以及优势与不足等，知己知彼，才能在素材的搜集、教学目标的制定上更有针对性，在此基础上制成的教学课件才更有价值。

教育现代化理念的不断深入，对教师的能力提出了多样化的要求，教师不仅需要具备扎实的理论知识，而且需要掌握一定的现代化技术。课件在教学中作用的不断凸显，使越来越多的教师意识到掌握课件制作方法的必要性。教学课件在一定程度上促进了教师计算机操作能力和设计能力的提升。对于学生而言，先进的教学技术的引入，也激发了他们的自主意识,学习的自觉性也在不断增强。课件便于保存的特点,为他们巩固知识提供了便利。

四是在传统的课堂讲授中,教师需要在讲解的同时,不停地进行板书,课件的功能之一便是免除了教师板书的劳累。课堂上所讲的内容,教师都可以事先存储于课件程序中,上课时点击鼠标即可。不过,教师也应当认识到课件并不能完全代替板书,在教学中,适当的板书也是必不可少的,需要教师灵活处理。总体而言,课件可节省教学过程中的一些不必要的板书所耗费的时间,教师可利用这些时间讲解更多的教学信息或是进行教学内容的组织完善,还可以集中精力关注学生的反应,以调整课堂节奏,或是帮助学生归纳所学知识等。

五是课件教学与传统教学最大的不同点在于,传统课堂教学大多为教师通过“语言＋板书”的方式来传授知识。由于声音是转瞬即逝的,所以教师在课堂上所讲的内容,注意力集中的学生能够接收到,但信息的接收程度并非百分之百,加之其他一些不可避免的因素,学生没听清的情况也可能存在,还有的学生根本没注意听,长此以往,知识的欠缺造成学生之间的差距逐渐产生并增大。而板书的方式,虽然也有助于学生对知识的理解,但黑板的空间是有限的,教师讲解的内容是无限的,简单的板书或是边写边擦的板书,也影响了学生对于知识的记忆。而课件是存储于计算机中的软件,便于存储是其特点之一。利用这一优势便可实现课件内容的反复播放,有助于学生对于知识的巩固,以及查漏补缺。另外,课件存储量大,展示的内容具体、形象,有助于学生对于知识的理解和积累。

六是课件便于因材施教。在传统的教学中,教师面向所有学生讲授同一知识,无法兼顾学生的个体差异性,有的学生能力强,有的学生理解慢,长期如此,学生间的差距便逐渐显现,也不利于教学目标的达成。

课件教学的优势便是内容安排灵活,适合不同层次的学生学习,同时,学生的学习也可以不受时间、空间的限制。学生被赋予了充分的自主权,他们可根据自己的实际情况和需求,针对自己的优势和不足,自主选择学习内容和学习时间,选择适合自己的学习进度,这样更有利于提高学生学习的积极性和兴趣,有助于取得更好的教学效果。

第五章　多媒体素材及其采集和加工

第一节　多媒体技术及其教育应用

一、多媒体与多媒体技术

（一）多媒体及其特点

“多媒体”一词英文原文是“Multimedia”，是“Multi”和“media”的复合。“媒体”（medium）一词有两重含义：一是指存储信息的实体，如磁带、磁盘、光盘、半导体存储器等，中文常译为“媒质”或“介质”；二是指传递信息的载体，如数字、文字、声音、图形等，中文译为“媒介”。所谓“多媒体”是指将多种媒体综合集成、交互式处理而生成的一种传播和表现信息的全新载体。目前多媒体集成的主要是视觉媒体和听觉媒体，至于触觉媒体、嗅觉媒体等较少涉及。

多媒体有三个特性：多样性、集成性和交互性。媒体的多样性是多媒体的基本特性。多媒体是多种单媒体，如文本（Text）、图形（Graphic）、图像（Image）、视频（Video）、声音（Sound）、动画（Animation）等的复合。不过，仅有这一点还不足以刻画、揭示多媒体的真正内涵。如果说凡声、图或图、文并茂者皆为多媒体，那么电影、电视、录像，甚至连环画都可以称为多媒体了。20 世纪 90 年代以前的计算机辅助教学也有声、图、文并茂者，如此说来，多媒体岂不是早已有之？可见，媒体的多样性只是多媒体的一个最基本的也是表面的特性。

使得多媒体有别于电影、电视、录像的是另两个更重要的特性，即集成性和交互性。“集成性”指的是将多种媒体信息统一进行数字化处理，建立它们相互间的逻辑关系，集成为一个整体。这种集成包括信息的多通道统一获取，信息的统一组织与存储、信息的统一加工处理，以及信息的表现合成等。其中图、文、声、像的数字化是集成的基础，可以说没有数字化也就没有多媒体。此外，多媒体的硬件和软件也相应集成为一体。集成后的多媒体已经不是原来的任何一种单独的媒体，而是另一种全新的媒体了。“交互性”指的是用户可以干预、控制信息处理和表现。最基本的交互活动是信息的检索，即用户可以随意挑选感兴趣的信息，跳过不感兴趣的部分。进一步的交互活动是参与或控制信息的组织或表现过程，如改变模拟的参数以改变模拟的结果，控制某些角色的行为从而改变事情的结局等。更高级的交互活动是用户进入到与信息环境一体化的虚拟现实中，通过视觉、听觉、触觉甚至嗅觉和味觉与机器交流信息，达到与真实环境相同的境界。当然，这要使用虚拟现实技术来实现。正是由于多媒体的集成性和交互性，才使多媒体发展成一个独立的研究领域。

（二）多媒体技术

所谓“多媒体技术”是指利用计算机将文字、声音、图形、图像（静态或动态）等多种媒体综合集成，实现多媒体的人机交互的手段和方法，也就是所谓多媒体计算（Multimedia Computing）技术。这些技术包括多媒体的数字化技术、多媒体的编码与数据压缩技术、多媒体通讯技术、多媒体网络技术、多媒体信息的组织管理和表现技术、多媒体软硬件平台、超媒体技术、虚拟现实（Virtual Reality）技术等。

二、多媒体技术的优势

就视觉信息而论，用文字来交流，其信息量是比较小的。图形、图像、动画等媒体的信息量比文字大得多。如果加上声音，信息量更大。现代教育学的实验表明：如果学生学习时仅靠听觉，三小时后能保持70%的信息，三天后仅能保持10%；如果仅靠视觉，三小时后能保持72%，三天后仅能保持20%；如果综合视觉和听觉，则三小时后能保持85%，三天后仍保持65%。可见综合应用多种信息媒体进行教学，比单纯用语言和文字教学可以更大地提高教学效果。

三、多媒体技术的教育应用

多媒体技术用于教育经历了一个探索发展的过程。

将电影、电视、录像等技术用于教学，称为“电化教学”，国外也称为视听教学。电化教学具有教材形、声化，教材表现手法多样化，使视觉信息和听觉信息密切配合等优点，曾经得到相当广泛的应用。但是它只能单向传播，没有交互性。也就是说其教学内容和教学策略不能根据学习者的情况灵活变化；不能及时反馈，无法及时评估教学效果；教学过程中学生没有练习和深化理解的机会。因此教学效果仍不够理想。

用计算机进行教学的优点是具有交互性，能根据学习者的学习情况采取不同的教学策略，能实现信息的双向传递，及时反馈并根据反馈信息为学习者提供指导。但是在多媒体技术兴起之前，CAI 系统人机交互的主要设备是键盘和显示器，充其量加上打印机。由于教学信息传播主要通过文字和少量图形，传播媒体单调，课件的教学效果不能令人满意，应用范围有限。

看到计算机辅助教学与电化教学之间的互补性，人们尝试以计算机为基础，将视听系统中的录音机、录像机或幻灯机、放映机、投影仪、投影电视等多种设备综合应用，由计算机控制和管理，形成计算机辅助教学系统，以提高教学效果。20 世纪 60 年代美国伊利诺伊大学的 PLATO 系统和得克萨斯州大学研制的 TICCIT 系统就是这类计算机辅助教学的早期例子。TICCIT 系统已经用于教学实验，系统以图画、文字的形式向学生呈现教材内容，以法则、范例、练习和测验等四种类型交互呈现在屏幕上，供学生学习。其后日本研制了一种配有幻灯的微机教学系统，即图像存储在幻灯片上，由微机的课件控制播放，也获得实际应用。20 世纪 80 年代末英国用计算机控制录像机，构成可以传播声音、图像和文字的教学系统，教学内容分别存储在录像带和计算机上，可以实现人机交互并由学习者控制教学过程，但不同媒体仍然分别用不同的方法存储和管理。由于录像带是按照顺序存储信息的，因此搜索速度慢，使用和控制不方便，仍然不能令人满意。

多媒体技术兴起后，CAI 系统得到了一个强有力的表现工具，克服了媒体单一的缺点，表现更加逼真、形象、生动，人机交互的信息量大为提高。多媒体计算机辅助教学融计算机辅助教学、电化教学的优点于一体，学习的效果明显增强，CAI 的优势得到充分的发挥。

第二节　多媒体素材的种类及其特点

一、听觉媒体

凡是通过声音以听觉传递信息的媒体，都属于听觉媒体。

(一)声音的特性

声音是由于物体的机械振动产生的。振动的物体称为声源。声源的振动借助它们周围的介质如空气等以机械波的形式向外传播，这就是声波。声波传到人的耳朵，引起耳膜的振动，并传导到听觉神经，人就感觉到了声音。声音有三个要素，即音调、音强和音色。

声波经过声电传感器（麦克风、拾音器等）转换成为模拟电信号，可以用连续的波形来表示。声波的频率决定了音调的高低，声波的振幅决定了音强（音量的大小），泛音决定了音色，泛音越丰富则音色越优美。人的耳朵能感觉到的声波的频率在 20 赫兹（Hz）到 20000 赫兹之间。声音是有方向性的，而且可以通过反射产生特殊的效果。声音到达左右两耳的相对时差、不同的方向感和不同的强度，就产生立体声的效果。

根据声音不同的特点和处理方法，将听觉媒体分为波形声音、乐音和语音三类。所谓波形声音即声波形成的声音，在处理上通过采样使其离散化，转换为数字化形式存储，输出时再转换成模拟信号；乐音是由特定频率的声音（音阶）所组成的，它可以看成符号化的声音；语音则是含有语言学、语音学内涵的声音。乐音和语音都是波形声音的特殊形式。

表现声音的质量与频率范围的关系密切。一般来说,频率范围越宽,表现声音的质量越好。从表5—1列出的不同声音的频率范围也可以看出这一点。此外,对于乐音来说,保真度、空间感、音响效果是重要的指标。对于语音,其质量则以用可懂度、清晰度、自然度来衡量。

表5—1　不同种类声音的频率范围

声音种类	频率范围
电话语音	200Hz～3.4kHz
调幅广播	50Hz～7kHz
调频广播	20Hz～15kHz
宽带音响	20Hz～20kHz

(二)波形声音采样与数字化

要想将波形声音的模拟信号转换成数字信号,必须在录音(或截取)时以固定的时间间隔对声波采样,以便捕捉采样点的波形的振幅值,并决定采样点的信息量。它类似于将声波平均分割。这个过程称为声音的离散化或数字化。数字化声音的质量主要取决于采样的频率和采样点的测量精度。

1.采样频率

每秒钟的采样数称为采样频率。采样频率越高,则将声波等分得越细,经过离散化的声波越接近于原始的波形,这意味着声音的保真度越高,即声音的质量越好。根据亨利·奈奎斯特(Harry Nyquist)采样定律,只要采样频率高于输入的声音信号中最高频率的两倍,就可以从采样中恢复原始波形。这就是为什么在实际的采样中,采取44.10kHz作为高质量声音的采样标准的原因。通用的标准采样频率有三个,分别是44.10kHz、22.05kHz和11.025kHz。采样频率越高,声音离散化后所需的存储空间越大。

2.采样点精度

在每个采样点记录的是波形在该点振幅的值。这个值有不同的测量精度,因此需要的存储量也不同。采样点的测量精度是通过将每个波形采样垂直等分而形成的。8 位采样精度将每个采样划分为 256 等份，即测量得到的声音样本值在 0～255 之间。16 位采样精度将每个采样划分为 65536 等份。显然，16 位采样比 8 位采样得到的声音质量好，但是需要的信息存储量大。

3. 声道数

声道数指声音通道的个数。声道数也会影响声音的质量。单声道只记录和产生一个波形，双声道产生两个波形，也称为立体声。立体声比单声道的声音优美，但是需要两倍于单声道的存储空间。

数字化的波形声音用 WAV 格式文件存储。用一定的采样频率对声音波形采样，得到一系列离散的采样点，以某种精度(8 位或 16 位)把采样点的值转换成二进制形式的代码，存入磁盘，就得到声音的 WAV 文件。WAV 文件是由采样数据组成的，因此数据量很大。每秒钟声音的 WAV 文件要求的存储容量可用下面的公式计算：

$$(\text{采样频率}\times\text{样本精度}\times\text{声道数})\div 8=\text{字节数}$$

例如，用 44.10kHz 的采样频率，每个样本值用 16 位的精度存储，则一分钟的立体声节目，其 WAV 文件所需的存储量为：

$$(44100\times 2\times 16)\div 8=10584000(\text{字节})$$

表 5－2 列出了常用采样频率下单声道 WAV 文件所需的存储量。

表 5－2　WAV 文件的存储量

采样频率(kHz)	样本精度(bit)	每分钟声音所需存储量(MB)
11.025	8	0.66
11.025	16	1.32
22.05	8	1.32
22.05	16	2.64
44.10	8	2.64
44.10	16	5.29

从某种意义上说，WAV 文件类似于图像的位图文件，但在一般情况下，WAV 文件是不可压缩的。这是因为 WAV 文件所记录的信息中，很少有数据重复现象，而位图文件在帧之间或单个帧之中存在着大量的数

据重复。

（三）音频信号的压缩存储

MP3（MPEG Audio Layer3）是一种以高保真为前提实现的高效压缩技术。它采用了特殊的数据压缩算法对音频信号进行处理，使数码音频文件的大小仅为原来的十几分之一，而音乐的质量却没有什么变化，几乎接近于CD唱盘的质量。一分钟的WAVE格式的文件有十几兆，而一分钟MP3格式的音频文件仅有一兆左右，压缩比可以达到1/12。

（四）FM音乐合成与波形表音乐合成

音乐所产生的声音也称为乐音。从频谱的角度分析，乐音与噪声的区别在于乐音有周期性的基频谱和基频的倍频谐波谱，而噪声没有周期性也没有固定的基频。乐音除了具备声音的三个要素音调、音强和音色之外，还有一个要素，即乐音振动持续的时间——时值。

合成音乐的基本原理是，利用波形发生器产生一定基频的正弦波，通过频率的高低控制音高，通过波形的幅度控制音强，通过信号的持续时间控制时值。因为不同的音色包含的丰富的谐波成分很多，音色的控制和模拟则比较困难。

FM（调频）是使作为载波的高频振荡波的频率按调制信号变化的一种调制方式。改变不同的调制波频率，就可以合成具有不同频谱的波形，再现某些乐器的音色。用这种方法也可以得到具有独特效果的电子模拟声，产生富有幻觉的、自然界不具备的非自然音色。不过，FM合成的声音单调，缺乏乐器声的力度变化，与实际乐器的声效仍有差别。声音卡可以合成多达20种FM立体声音乐。

克服FM合成乐音的不足的方法是波形表技术。其做法是对真实乐器发出的声音采样，将数字音频信号存储在ROM芯片或硬盘中，称为“波形表”。进行合成时再将相应乐器的波形记录播放出来。这种方法可以产生比FM更为丰富逼真的乐音，当然，所需要的存储空间也要大得多。波形表合成芯片一般也能完成FM合成的所有功能。许多声卡（如声霸卡）都配备了音乐创作和演奏的软件，提供FM音乐驱动程序，并可利用文字编辑器写类似于简谱格式的文件，然后生成 FM 音乐文件。

（五）MIDI 音乐

音乐是一种规范的、可以用符号表示的声音，表示音乐的符号主要是音符和其他一些记号，音乐符号化的结果是乐谱。仅有乐谱还不能产生声音，必须有一套数字化的记谱方法（乐谱的数字化描述）和根据数字化乐谱解释、合成音乐的器件。这个由符号产生的音乐称为符号化或数字化音乐。MIDI 就是实现符号化音乐的一个成功的范例。MIDI（Musical Instrument Digital Interface）原本是一种技术规范，它提供了一套将乐谱数字化的方法和存储的标准文件格式，将音乐设备连接到计算机所需电缆和端口定义的标准，以及控制 PC 和 MIDI 设备之间信息交换的规则。也就是说 MIDI 提供了记录、播放和编辑符号化音乐的标准。乐谱的 MIDI 数字化描述称为 MIDI 消息（Message）。MIDI 消息经过特定的微处理器（音乐合成芯片）处理，就会解释 MIDI 消息并产生特定乐器、特定音高和时值的音乐，达到演奏的效果。MIDI 已经成为数字音乐的国际标准。任何电子乐器，只要有处理 MIDI 消息的微处理器，并有合适的硬件接口，都可以称为 MIDI 设备。

MIDI 消息由音符序列、定时和乐器定义所组成。每个音符的信息包括键、通道号、持续时间、音量和力度。通道号多达 16 个，每一个对应于一个逻辑合成器。乐器定义是通过不同的通道和合成音色定义来实现的。记录 MIDI 消息的文件构成 MIDI 文件，扩展名为“. MID”。

MIDI 音乐的优点是占用的存储空间小，预先装载 MIDI 文件比波形文件容易，在播放音乐时有很大的灵活性。当需要播放长时间的音乐时，如果硬盘没有足够的空间，使用 MIDI 音乐可以较好地解决这个问题。当需要播放音乐产生背景音响效果，又需要同时从 CD-ROM 装载其他图像、文字数据，并显示到屏幕，或者需要同时播放波形音频文件以实现音乐和语音同时输出时，使 MIDI 用音乐比波形音乐更合适。

二、视觉媒体

(一)视觉媒体的种类

凡是通过视觉传递信息的媒体都属于视觉媒体,它是人类最丰富的信息来源。多媒体教学最常用的视觉媒体有如下三种:图形、静态图像、动态图像。凡是能为人类视觉系统所感知的物体的视觉形象统称为图像。事实上,文字、图形最终都是以图像的形式出现的。但是由于计算机表示、处理、显示的方法不同,一般将它们作为不同的媒体。视觉媒体可以分为以下几类。

1. 位图图像

位图图像是对视觉信号直接量化得到的一种视觉媒体。它将原始的视觉信号离散化为空间的点,称为像素。对像素的颜色、亮度(或灰度)加以数据描述,得到图像数据。将这些数据作为文件存储,即为图像文件。在显示时,像素与显示器的显示点一一对应,故称为位图映射图像,简称位图图像,也称为点阵图像。

位图图像可以表达丰富的色彩和色调变化,但是占用的存储空间较大,进行放大、缩小、旋转时会产生失真。Adobe Photoshop、Corel Photo-paint 等图像处理软件使用位图图像。

2. 矢量图形

图形是对图像的一种抽象,它不直接描述图像的每一个点,而是依据某个标准对图像进行分析,抽取实体特征,形成产生图形的算法,并以一组指令的形式存储。显示时执行指令,即可产生屏幕图形。图形上的点的位置通常用矢量来描述,故称为矢量图形。由于存储的是绘图程序,所占用的存储空间比位图图像小得多,容易进行放大、缩小、旋转等操作,但是显示时要花费较多的计算时间。矢量图形描述物体的轮廓(大小和形状)比较容易,也可以表现曲面、光照、材质的效果,但是对于复杂的彩图,算法描述和计算的困难很大,效果不够理想。CorelDraw、AutoCAD 等图像处理软件使用矢量图形。

3. 动态图像

动态图像是连续渐变的静态图像或图形序列，随着时间的变化而产生的运动视觉的一种视觉媒体。如果序列中的单帧图像是摄取实景得到的真实图像，则称其为影像视频，简称视频。如果序列中的单帧图像是人工或计算机产生的图形，则称其为动画。动态图像具有实时运动感和自然真实感。

4. 符号

符号是信息的一种抽象的表示形式。符号可以表示数值，也可以表示语言、文字。特定的符号可以表示物体或事件。

5. 体图

这是运用科学计算可视化技术，将三维空间数据转换为可视图像而产生的一种新的视觉媒体。体图绘制技术可以把三维空间样本直接转换为屏幕图像，准确重现原始的数据场。层析成像技术可以根据物体外部所获取的某种物理量的数据，用数学方法和计算机成像技术，重建物体特定层面上的二维图像，并在一系列二维图像的基础上构造出整体三维图像。这在医学上的 CT(Computerized Tomography)、核磁共振仪、分子模型构造、流体力学计算等方面都得到了应用。

(二)位图图像参数

位图图像可以用特定的数字化设备(例如，扫描仪、数码照相机、数码摄像机等)将光信号量化为数值，并按照一定格式组织而得到。有关位图图像的参数有分辨率、颜色数、调色板、数据量等。

1. 分辨率

分辨率是影响位图质量的重要指标。通常使用的分辨率有三种，即屏幕分辨率、图像分辨率、像素分辨率。

屏幕分辨率是指在某种显示模式下，计算机显示屏幕的最大区域内的水平方向和垂直方向的像素个数。例如,PC 显示器的分辨率为 640×480,是指水平方向分成 480 行(或说水平线数为 480),每行有 640 个像素。屏幕能显示的像素越多,屏幕分辨率越高,显示的图像质量越好(前提是图像分辨率足够高)。

图像分辨率是指图像数字化时,在水平方向和垂直方向表示图像的像素个数。图像分辨率越高,数字化后得到的图像的质量越好。图像分辨率与屏幕分辨率是不同的概念,前者反映了捕获图像时解析图像的精确度,后者反映了显示图像时解析图像的精确度。一幅分辨率为 320×240 的图像在 640×480 分辨率的屏幕上只占 1/4 屏幕,而分辨率为 1024×768 的图像在这样的屏幕分辨率下则无法显示整幅画面。只有图像分辨率与屏幕分辨率相同时,才能满屏显示整幅图像。

像素分辨率是指像素宽度和长度的比例。捕获图像时使用的像素分辨率与显示设备的像素分辨率相同时,显示的图像才不会产生畸变。多数图像显示设备都使用 1∶1 的宽长比,而多数捕获图像的设备可调节像素的宽长比。

在计算机显示器上物理实现时,像素点是由显像管玻璃面上的孔眼确定的,孔眼之间的距离称为点距,因此也常用点距来刻画屏幕分辨率。电视机的显像管的点距平均为 0.76mm,而计算机显像管的点距目前一般为 0.28mm,甚至为 0.26mm。点距小则同样面积上的像素多,显示的图像更清晰逼真。

2. 颜色数

颜色数是指图像能使用的颜色的数目,即所谓色调的丰富与否。颜色数越多,能表现的色调越丰富。颜色数取决于每个像素用多少存储位数(Bit)来存储颜色信息。每个像素所占用的存储位数称为图像深度或像素深度。假如图像深度只有一位,则只能表示两种颜色,即黑色和白色,或其他两种亮度或颜色,这时的图像称为单色图像或二值图像。假如图像深度为 8,则可以表示 $2^8=256$ 种颜色。要比较接近自然界的颜色,图像至少应可显示256种颜色，即图像的深度至少为8。假如红、绿、蓝三基色分别各用8位表示，则每个像素的颜色用24位表示，即图像深度为24，那么可以表示 $2^{24}=16777216$ 种不同的颜色，这时图像已经很接近自然界真实的颜色，故称为真彩色(True Color)图像。

目前使用的图像深度有1,4,8,24四种。

3. 调色板

调色板是包含不同颜色的颜色表，又称为彩色查找表(Color look-up table)。调色板中的每个颜色都可以用红、绿、蓝三种颜色的组合来定义。生成位图图像时，对图像中不同的色调进行采样，然后为位图的每一个像素分配调色板中的一个颜色值，就可以生成位图图像各个像素的颜色。对于8位深度(256色)的VGA显示系统，用调色板方法已经可以得到相当逼真的彩色图像。用红、绿、蓝三种颜色按不同比例生成颜色的体系称为RGB模型。另一种常见的生成颜色的体系用青色(Cyan)、品红(Magenta)、黄色(Yellow)、黑色(Black)按不同比例生成颜色，称为CMYK模型。也可以使用其他色系生成颜色，但得到的颜色空间的色谱略有不同，生成的颜色也略有差别。

4. 数据量

位图图像的数据量即所需存储空间的度量。它取决于图像幅面的大小、所使用的分辨率以及颜色深度等。位图图像的数据量是很大的，以VGA显示系统为例，若屏幕分辨率为640×480，颜色数为8位，则满屏图像的数据量为：

$$(640\times480\times8)\div8=307200(\text{字节})$$

显然，图像的数据量越大，要求显示器的缓冲区(显示内存)的容量也越大。在显示内存一定的条件下，要想增加颜色深度就得降低显示时的图像分辨率，反之亦然。

位图图像的存储和显示一般都要用数据压缩编码和解码技术。不同的数据压缩算法和编码技术可把图像压缩到1/10～1/100。图像压缩编码已经有了国际标准。国际标准化组织(ISO)1991年提出静态图像压缩国际标准JPEG,1992年提出动态图像压缩国际标准MPEG-1,最新的标准是1997年提出的MPEG-4。

(三)位图图像文件的格式

位图图像仍以文件方式存储。位图图像文件一般由两部分组成:图像说明部分和图像数据部分。针对不同的应用目标,各类公司先后开发了多达数十种位图图像文件格式。其中在多媒体PC中较常用的格式有BMP、PCX、GIF、JPEG、TIFF、TGA、DIB等。为了方便使用,已经出现了支持几种常用格式的软件工具和将不同格式转换的软件工具。

BMP(Bit Map)格式是一种与设备无关的图像文件格式,有压缩和非压缩之分。它实际上是一种位映射存储方式。作为图像资源使用的文件一般都是不压缩的BMP文件。BMP格式与DIB(Device Independent Bitmap)格式是基本等价的。Windows的图像资源多以该格式或DIB格式存储。DIB格式方便跨平台使用。

PCX格式是Zsoft公司开发的,主要与图形软件PC-Paintbrush一起使用。由于存储采取压缩方法,读/写文件需要相应的解码/编码程序。大多数图像编辑软件如PhotoStyler,CorelDRAW和Windows的PaintBrush(画笔)均能处理这种格式的文件。各种扫描仪也可输出生成这种格式的文件。

TIFF(Tagged Image File Format)格式也称为TIF格式,由Aldus公司(后与Adobe公司合并)和Microsoft公司合作开发,最早用于扫描仪和桌面排版。其文件有压缩和非压缩两类。非压缩的文件独立于软、硬件,有良好的兼容性。许多主流软件如CorelDRAW、Photoshop、PageMaker、PhotoStyler等均支持这种格式。

GIF(Graphics Interchange Format)格式由美国联机服务商CompuSever于1987年开发,是Internet上WWW的重要文件格式之一。GIF格式采用LZW(Lempel Ziv Welch)压缩编码,是一种无损压缩算法,适合于任何类型的图像,压缩比取决于图像本身,一般比较高,可达到

1∶3～1∶2，即文件大小约为 BMP 格式的 1/3～1/2。GIF 格式还有如下特性：图片的背景可以是透明的，即 GIF 格式的图片的轮廓可以是任意的形状，就好像用剪刀裁剪过一样；GIF 格式支持图像渐显方式，在网上浏览 GIF 文件时，可以先看到低分辨率的图片，然后才逐渐变得清晰。一个 GIF 文件中可以储存多幅图片，GIF 将存储的图片顺序播放，就形成了动画。GIF 格式的不足之处是一帧只能表现 256 种颜色，不适合于表现真彩色图片。

JPEG(Joint Photographic Experts Group)格式是国际标准化组织下从事静态图像压缩标准制定的委员会"联合图像专家组"提出的有损压缩图像文件格式。它适合静态图像的压缩，支持 24 位颜色深度，压缩比最高可以达到 1∶10，即文件大小为 BMP 原图像的 1/10。JPEG 是因特网上的图片经常使用的格式，由于是整幅图片处理，不支持图像渐显方式，浏览时要等全部数据到达后才显示。

JPEG 格式文件的压缩比很高，虽然是有损压缩，但是损失并不大，略带失真，不仔细看分辨不出来。GIF 格式虽然是无损压缩，但是受到颜色数的限制，压缩后图片的色彩有损失。如果在计算机上调出光盘的图片可以看得更清楚。

PSD 格式是广泛使用的专业图像处理软件 Photoshop 的图像文件默认格式，其优点是图像信息保存得比较完整，可以逼真地表现图像的原貌，但是文件占用的存储空间较大。

PCD(Photo CD)格式是 Kodak 公司为专业摄影照相制定的格式，在各种商业图像库广泛使用。该格式可选择多种分辨率。由于文件较大，一般存储在 CD-ROM 盘片上，可作为多媒体开发的重要图像资源。许多图像编辑软件如 PhotoStyler、CorelDRAW 都能接收、转换 PCD 格式的文件。

EPS(Encapsulated Post Script)是 Adobe System 公司的 Post Script 页面描述语言的产物。该语言是用来描述矢量图形的。由于桌面排版领域多使用 Post Script 打印输出，因此几乎所有的图像、排版软件都支持

EPS格式。该格式可用于 Windows 平台和 Macintosh 平台。

(四)矢量图形的特点和文件格式

矢量图形不同于位图图像,它通过对复杂的自然图像分析、抽象,提取特征,以算法描述,并以绘图指令表示各个有独立意义的基本信息单位,运行这些指令构成的程序,就可以生成矢量图形。矢量图形有如下特点。

(1)矢量图形不是自然图像的逐点描述,而是视觉重点的抽象表达,因此是图像的信息子集。

(2)矢量图形可以用数学方法描述和变换,能够对图形元素分别控制,实施规则化的灵活变换。

(3)矢量图形占用的存储空间比位图图像小得多,易于保存和传输。

(4)利用图形学技术,可以由矢量图形构造实体造型、三维物体显示、真实感场景生成等,成为计算机辅助工程的研究热点。

(五)数字视频图像的特点与处理

从物理意义上看,动态图像是由多幅单帧图像序列连续显示构成的。电视、电影、计算机动画及其混合形式,是以不同技术处理和实现的动态图像,其概念的实质是相同的。

动态图像有三个基本的特点:具有时间连续性,因而适合表现对象的运动过程;帧与帧之间具有相关性,邻帧之间只有 10%以下的像素有亮度变化,1%以下的像素有色度变化,因而数据压缩余地大;具有实时性,播放时必须在 0.05 秒至 0.1 秒内完成画面更换,因而数据量大,要求通讯频带宽。

数字视频图像是在彩色电视的基础上发展起来的,它将彩色电视的视频图像数字化,按照特定的标准编码存储、传输。目前电视有三种不同的制式(不包括高清晰度电视 HDTV):PAL 制(我国及东南亚国家采用)、NTSC 制(美国等国家采用)、SECAM 制。视频图像数字化除了要经过采样、A/D 转换、解码之外,还存在彩色空间转换的问题。由于电视的彩色一般采用 Y(亮度)、U、V(色差)分量表示,而计算机常用 R(红)、

G(绿)、B(蓝)分量表示,常用的视频图像数字化方法有以下几种。

(1)从摄像机、录像带、电视信号源的复合彩色电视图像中分离出彩色信号分量,然后再用 A/D 转换器将其数字化。

(2)以分量编码格式对亮度、色度基带分量信号编码,获得数字信号采样值。

(3)直接用数码摄像机(DV)拍摄。

为了使视频图像在数字化的基础上统一起来,国际无线电咨询委员会(CCIR)在 1982 年提出了 CCIR601 建议,1990 年进一步修订,对视频采样方式、彩色空间的转换作出规定,使数字电视编码格式标准化。CCIR601 规定对所有的制式每一扫描行的有效样数为 720,在计算机中显示视频时使用以下分辨率。

(1)对 PAL 和 SECAM 制:640×480。

(2)对 NTSC 制:768×576。

为了使动画或视频图像的播放色彩丰富、无跳跃感,播放速度应达到 25 帧/秒以上,画面颜色至少是 256 色,屏幕分辨率应达到 640×480。为此过去曾经使用过附加硬件(解压卡)的方法。自从 Intel 公司推出 Pentium MMX 的 CPU 后,在 MPC 上已经能够用纯软件播放 30 帧/秒、32K 以上颜色、屏幕分辨率为 640×480 的视频图像。

关于多媒体视频图像的编码、存储和传输,MPEG 已经作出了系统的规定。常见的视频文件格式有以下几种。

(1)AVI 文件格式。又称为音频—视频交错文件(Audio－Video Interleaved),它是 Microsoft 公司 Video for Windows 视频应用程序使用的格式。

(2)MOV 文件格式。这是 Apple 公司在 Quick Time for Windows 视频应用软件中使用的视频文件。该文件起先主要在 Macintosh 系统中运行,现在已经移植到 Windows 平台下。利用它可以合成视频、音频、动画、静止图像等多种素材,也可以制作数字化影视作品。实际上,Macintosh 系列机在一些专业领域领先于 MPC,许多 Windows 平台的多媒体软件都是在 Macintosh 平台先开发出来，后来才移植到 Windows 平台下。

(3)MPG 文件格式。这是 MPC 上按照 MPEG 标准压缩的全屏幕视频的标准文件。在 1024×768 的分辨率下能以每秒 24、25 或 30 帧的速度同步播放活动视频和 CD 音质的伴音。

(4)DAT 文件。用于 Video CD 或 Karaoke CD 的数据文件。这种文件的结构与 MPG 文件格式基本相同。

三、超文本和超媒体

多媒体信息不断地爆炸式膨胀，形成了海量数据，使得通常的信息存储与检索机制越来越不能高效实施以全面地满足人们日益增长的需求，尤其是不能像人类的思维方式那样以联想方式来确定信息的内部关联性。近些年来人们不断研究与发展的超文本与超媒体就是为了解决这个难题的一种高级多媒体技术。

(一)超文本和超媒体的概念

超文本(hypertext)和超媒体(hypermedia)的概念与多媒体密切相关，因此很容易把它们和多媒体混淆在一起。

传统的媒体表达以文字为主体，以字符为基本表达信息的单位，并且以线性形式组织数据，而现代的媒体以多种媒体形式来表示信息，并且各种媒体信息之间能提供网状链接结构。一种按信息之间的关系非线性地存储、组织、管理和浏览信息的计算机技术就称为“超文本”。

超文本不是顺序的，而是一个非线性的网状结构，它把文本按其内部固有的对立性划分成不同的基本信息块，称为“节点”(node)。一个节点可以是一个信息块，也可以是由若干节点组成的信息块。节点之间按它们的自然关联，用链(link)连接成网，链的起始节点称为“锚节点”(anchor node)，终止节点称为“目的节点”。这种链可以超过一个文本，通常称为“超链接”(hyperlink)。

早期的超文本的表现形式仅仅是文字的，这就是它被称为“文本”的原因。随着多媒体技术的发展，各种各样多媒体接口的引入，信息的表现方式扩展到视觉、听觉及触觉媒体。利用超文本形式组织起来的文件不仅仅是文本，也可以是图、文、声、像以及视频等多媒体形式的文件，这种多媒体信息就构成了超媒体。

超媒体技术和超文本技术都以非线性方式组织信息，从本质上说是完全一样的。二者的主要区别在于超媒体技术组织的信息对象更多。通常情况下，如果没有特别强调，人们常常将这二者互换使用。

超媒体和多媒体不同，它们之间的关系可以用一个简单的公式来说明，即

超媒体＝超文本＋多媒体

（二）超文本和超媒体的组成要素

超文本和超媒体主要由节点和链组成。

1. 节点

超文本是由节点和链构成的信息网络。节点是表达信息的单位，是围绕一个特殊主题组织起来的数据集合。节点的内容可以是文本、图形、图像、动画、音频、视频等，也可以是一般计算机程序。

节点分为两种类型：一种称为表现型，用于记录各种媒体信息，按其内容的不同又可分为许多类别，如文本节点和图形节点等；另一种称为组织型，用于组织并记录节点间的联结关系，它实际上起索引目录的作用，是连接超文本网络结构的纽带，即组织节点的节点。

2. 链

链是组成超文本的基本单位，它以某种形式将一个节点与其他节点连接起来。由于超文本没有规定链的规范与形式，因此超文本与超媒体的链也是不同的，信息间的联系可以是多种多样的，从而引起链的种类也是复杂多变的，但最终达到的效果却是一致的，即建立起节点之间的联系。

链的一般结构可分为三个部分：链源、链宿及链的属性。链源是导致

节点迁移的原因，链宿是链的目的所在，链的属性决定了链的类型。各类链的特点如下：

(1)基本结构链是构成超媒体的主要形式，在建立超媒体系统前需要创建基本结构链。它的特点是层次与分支明确。

(2)索引链是超文本所特有的。

(3)推理链用于系统的机器推理与程序化。

(4)隐形链又称关键字链或查询链。

(三)超文本标记语言(HTML)

WWW 系统(或称 Web 系统)是一种超文本系统。它与其他超文本的不同之处是它基于 Internet，能够把世界各地的文本、图形、图像、声音、视频等信息资源有机地结合在一起。将这些信息结合起来，主要依靠三种基本技术：

(1)指定网上信息资源地址的统一命名方法——URL。

(2)存取资源的协议——HTTP。

(3)在资源之间很容易浏览的超文本链接技术。

为了发布可在全球发行的信息，用户需要一种所有计算机都能够理解的语言，现在 WWW 系统使用的文档是基于超文本标记语言(Hyper Text Markup Language，HTML)的。

HTML 与其他高级语言(如 C 语言等)不同，它不是一种程序设计语言，而是一种页面语言，很大程度上和排版语言相似。制作 HTML 文档时需要加入一些标记，用于说明一些段落、标题、图像、字体等。当用户通过 Web 浏览器阅读 HTML 文档时，浏览器负责解释插入文档中的各种标记，并以此为依据显示文档的内容。

(四)超文本和超媒体的应用

随着多媒体技术的发展，超文本与超媒体技术具有广阔的应用前景。超文本与超媒体组织和管理信息的方式符合人们的联想思维习惯，适合于非线性的数据组织形式，这种独特的表现方式使它们得到了广泛的应用。

1. 办公自动化

Apple 公司的 Hypercard 软件展示了把 Hypercard 用于办公室的日常工作的一个方面，它以卡片的形式提供了形象的电话簿、备忘录、日历、价格表与文献摘要等，是应用多媒体管理技术的一个实例。

2. 大型文献资料信息库

超文本与超媒体技术广泛应用于大型文献资料信息库的建设，目前已经研制出来的中英文字典系统就是按照超文本与超媒体的方式组织和构造，它收录了 25 万个条目，计 4181 万字，186 万个记号。采用这种方式存储的 30 卷百科全书，查询时间只需几秒钟。

3. 综合数据库应用

在各类工程应用中，要求用图纸、图形、文字、动画或视频表达概念和设计，一般数据库系统是无法表达的，而超文本与超媒体技术为这类工程应用提供了强有力的信息管理工具，不少系统已将其应用于联机文档的设计和软件项目的管理。

4. 友好的用户界面

超文本与超媒体不仅是一项信息管理技术，也是一项界面技术。图形用户界面(GUI)使用户桌面由字符命令菜单方式转为图形菜单方式，而超文本技术在 GUI 基础上再上了一个新台阶，即多媒体用户口界面(MMGUI)，使数字和图形、图像、动画、音频、视频等信息都能展现在用户的面前。

第三节　多媒体素材的采集和加工

多媒体素材的种类主要有文本（Text）、图形（Graphic）、图像（Image）、视频（Video）、声音（Sound）、动画（Animation）等。为了开发多媒体计算机辅助教学软件，不但要准备文字材料，而且还要准备声音、图形、图像、视频等素材。

一、声音素材的采集和加工

获取声音素材首先要采集数字化音频信号，可以使用以下几种方法。

（一）引用 WAV 和 MID 文件

在光盘上的商品软件或网络的共享软件有不少现成的 WAV 和 MID 声音文件，引用这些文件是获取数字化音频信号的最直接和方便的方法。当然，要找到完全符合要求的声音文件并不容易。如果是商品化开发，还要考虑版权问题。

（二）同期录音

同期录音是在实况摄像（或其他视频输入）时，将声音也录制到影像素材中。一般将得到的素材编辑成 AVI 或 MPG 格式文件，然后集成到多媒体课件中，在播放时影像和声音一起播出。这种做法的优点是有现场感，但是要求环境不能过分嘈杂，而且录制时不能有失误，否则连同影像一起要重新摄录。

（三）录音软件录音

利用声卡相应的接口，接入麦克风、立体声录音机或 CD 播放机等作为声音的输入信号源，使用声卡附带的录音软件或其他软件（最简单的是 Windows 操作系统自带的"录音机"软件），就可以用计算机进行录音。在录音前，必须确定采样频率、量化的位数、声道数等参数，并调整好输入的音量。

录音得到的是 WAV 格式的波形文件或者压缩的 MP3 格式文件。

（四）从 CD 盘采集

通过声卡附带的播放软件或其他录音软件（例如，MP3 音频录音机、Cool Edit 等），可以在播放 CD 光盘的音乐或语音时，从计算机内部或外部将声音采集并以. WAV 格式文件存储到硬盘中。有些播放软件还可以生成压缩存储的 MP3 格式文件。

采集到数字音频素材后,还要进行编辑,使之符合特定的教学要求。

(五)声音素材的加工

声音素材的加工一般有剪切、拼接、合成、特效,以及改变音量、改变音质、改变格式等。

剪切——将声音文件的一部分剪去。

拼接——将一个声音文件连接到另一个的后面。

合成——将一个声音文件和另一个声音文件混合,合成一个文件,产生混响效果。

反向——掉转声音文件的顺序,使声音由后到前播放,特殊效果加工包括以下几种。

回音——修改声音文件的数据以产生回音的效果。

插入静音——在声音文件的选定区段插入无声区。

强制静音——关闭声音文件选定区段或声道的声音,使之在播放时听不到。

淡入和淡出——使声音文件声音产生由小到大(淡入)或由大到小(淡出)的效果。

调节音量——改变波形文件的音量的大小。

改变音质——改变波形文件的采样频率,可以改变音质。对已有的声音文件只能降低音质,即降低采样频率,可取得减少文件体积的效果。由双声道变为单声道也可以减少文件体积,但是音质也随之下降。

改变格式——改变文件的存储格式,比如由波形文件格式变为 MP3 格式可以缩小文件的体积。

二、图形和图像素材的采集和加工

获取图形、静态图像这两种视觉媒体有如下几种方法。

(一)从现有图片库中获取

图片库大都用光盘存储,或者保存在网站上。图片库种类很多,例如,自然风光、风土人情、花鸟鱼虫、城市建筑、动物世界、珠宝首饰等,还有材质素材、边框花边、水纹、三维底纹、科幻世界等。

其中有不少著名的摄影家的优秀作品，可根据实际需要选择。

（二）用数码照相机拍摄

图片库现成的图形和图像素材都是根据某种创意采集的，难以满足创作多媒体作品的需要。如果有新的创意，最好的方法是按照创意用数码照相机拍摄，这是获得满意图片的好方法。所拍摄的数码相片可以方便地以文件方式存储，供计算机使用。

（三）用扫描仪扫描输入

扫描仪将图像分解为像素，用光电转换的方法将其数字化，形成图像文件。照片、画报、杂志和其他印刷品上的图形、图像，都可以通过扫描仪精确方便地输入到计算机中。

（四）用计算机生成

用计算机生成图形和图像的软件和产品很多。例如，可以用 Unlead Cool 3D 制作三维字体，还可以用三维动画软件 3DMAX 制作静止的帧图像。

流行的静止图像编辑软件有美国 Adobe System 公司的 Photoshop，Corel System 公司的 CorelDRAW，Aldus 公司的 PhotoStyler，Microtek 公司的 Picture Publisher 等。这些软件大都支持多种格式的图像文件处理，具备接收扫描输入图像、编辑图像、变换优化处理、打印输出等基本功能。对图形和图像加工一般有以下功能。

剪切——将图像某个选定区域切下，存放到剪贴板中。剪去的区域露出图像的下一层。

复制——将图像某个选定区域复制到剪贴板中，原图像不变。

粘贴——将剪贴板的内容复制到当前图像文件或其他文件中。

翻转——沿着水平或垂直中心轴翻转图像。

变形——将选定区域的图像做挤压、拉伸、扭曲、旋转的变换。

调整——调整图像的亮度、对比度、颜色饱和度。

模糊——使选择的区域颜色平缓过渡，图像变得柔和。

放大和缩小——改变图像的尺寸。

剪裁——选择图像区域，删除不需要的部分。

滤镜——以不同方式改变图像的像素数据，创造出各种不同的效果，使表现力更丰富。如笔触效果、照明效果、风格化效果、块化效果等。

此外，还有多种其他更复杂的编辑功能，完全可以满足加工一般图像文件的需要。

三、视频素材的采集和加工

动态图像也称为视频图像。视频图像是由单幅画面（帧）构成的。采集时可以单幅采集，也可以多幅连续采集，前者得到静态图像，后者得到动态图像。常用的视频文件存储格式有 AVI 格式、MOV 格式和 MPG 格式。拍下的静止图像最好用 BMP 格式文件存储，因为一般的图像处理软件都可以处理这种格式的文件。

视频素材的采集方法有以下几种。

第一，从现有视频库中获取。光盘和网站上保存有很多视频资源，可根据实际需要选择。

第二，用数码摄像机拍摄。用数码摄像机拍摄可以获得当前发生的事件的视频素材，并且能够方便地输入到计算机中进行处理和保存。

第三，用视频采集卡、视频信号数字化仪获取视频图像从录像带、摄像机或影碟机等视频源采集活动图像，计算机必须安装视频采集卡，或使用有视频采集功能的显示卡，并使用视频采集卡所带的采集软件或第三方视频编辑软件。

动态图像处理包括素材的采集、编辑、合成等，在采集时往往进行数据压缩。处理视频图像的软件常用的有 Video For Windows（VFW），包括 VidCap、VidEdit、MediaPlayer、BitEdit、PalEdit 等软件工具。此外，Adobe 公司的 Premiere 和“绘声绘影”也是相当专业化的功能强大的处理视频和音频信号的编辑软件，可以在各种操作系统平台下使用，供专业人员或业余制作者编辑、创作、记录、播放数字化视频文件或影视作品。

除了采集、播放影像素材之外，视频素材加工的主要工作有下述方面。

剪辑——在采集的影视素材中，截取需要的部分，删去不需要的部分。

叠加——将一段视频图像与另一段视频叠加在一起，得到叠印的视频图像。

添加字幕——将需要显示的文字做成字幕文件，叠加到视频图像上播放。

音频编配——将视频图像原有的声音清除，重新配置音频。

过滤——使图像平滑、锐化、模糊、变形，制造回声等。

调色板——用调色板设置或改变视频图像的颜色、亮度、对比度等，以改善图像的质量。

放大和缩小——改变显示图像的大小。

帧编辑——修改帧的视频数据，在视频图像序列中插入或删除一帧。

视频与音频同步——调整视频的播放速率，或调整音频道的起始点，前后移动音频道，使视频和音频同步。

格式转换——设置或改变音频数据或视频数据的格式。

第六章　教学课件的开发与制作

第一节　多媒体课件的设计与开发

一、多媒体课件概述

(一)多媒体课件的含义

多媒体课件是在一定的教学理论和学习理论的指导下，根据教学大纲的要求，经过教学目标的确定、教学内容和教学任务的分析、教学活动结构及界面的设计等环节，利用计算机语言、系统开发工具或平台来表现特定的教学内容，反映一定教学策略的计算机教学程序，也就是利用计算机语言或多媒体计算机开发工具将文字、图形/图像、声音、动画、视频等多种媒体综合起来，用来呈现、传递、处理和存储教学信息的软件。

(二)多媒体课件的类型

目前多媒体课件的用途多样、种类繁多，可以从不同的角度进行分类。

1. 根据使用对象分类

(1)助教型多媒体课件，它是从教师的角度出发设计的，为解决教学的重点和难点而开发的多媒体课件，主要用于配合教师的课堂讲授、讨论、练习和示范。知识点可以不连续，注重对学习者的引导和启发。

(2)助学型多媒体课件，主要用于学生的自主学习，它具有完整的知识结构，反映一定的教学过程和教学策略，具有良好的人机交互界面和环境，并提供相应的练习和测试供学生进行学习评价。

(3)教学结合型多媒体课件，兼具助教型多媒体课件和助学型多媒体课件的特点和要求。

2. 根据使用环境分类

(1)单机型多媒体课件，可在独立的计算机中运行，人和计算机具有良好的交互性。

(2)网络型多媒体课件，是指采用Web等技术开发，在计算机网络上运行的多媒体课件，能够突破时间和地域限制，交互性较强。网络型多媒体课件除具有单机型多媒体课件的特点外，还要求数据量尽可能小，信息量大，并有练习、测试和评价。

3. 根据教学功能分类

(1)课堂演示型多媒体课件，用于在课堂教学中辅助教师的讲授活动，亦即教师利用这类课件讲解和展示知识的原理和规律，揭示事物的发生、发展和变化的内在规律，这类课件是广大教师直接参与设计制作的。

(2)操作与练习型多媒体课件，主要通过练习和测验的形式，训练、强化、巩固学习者某方面的知识和技能。

(3)自主学习型多媒体课件，是指计算机扮演讲课教师的角色，主要用于学习者的自主学习，特点和助学型多媒体课件一样。

(4)教学游戏型多媒体课件，以游戏的形式实现教学内容的传递，可以起到“寓教于乐”的作用。

(5)模拟实验型多媒体课件，可借助计算机仿真技术模拟某种真实的情景，并提供可供修改参数的指标项。当学习者输入不同的参数时，及时给出相应的实验结果供学习者进行模拟实验或探究活动。

(6)资料工具型多媒体课件，可提供大量资源供学习者检索和浏览，包括各种电子资源和媒体素材库等，不反映具体的教学过程，也不对教学过程实施评价和控制。

(三)多媒体课件开发工具

多媒体课件开发工具是指能够把文字、声音、图像、动画、视频等多种媒体素材集成为一个交互式软件的工具。一般来说，多媒体课件开发工具可以划分为以下几种类型。

1. 电子书页式编辑工具

电子书页式编辑工具，也称卡片式编辑工具。它采用的是类似于书本的一“页”或者“卡片”来实现对各种多媒体信息的管理，每一“页”就是显示在屏幕上的一个窗口。这种工具的特点是简单易学，不用编写复杂的程序。PowerPoint 就是一个典型的电子书页式多媒体课件开发工具。

2. 流程图式编辑工具

流程图式编辑工具，也称图标式编辑工具。它的特点是以流程图为依据，将各种加工过的图、文、声、像等素材用形象的图标方式依次连接在流程图中，并进行编辑整理后，集成为交互式的软件，Authorware 就是基于图标的编辑工具。

3. 时间顺序式编辑工具

时间顺序式编辑工具按照时间顺序来管理多媒体信息，将多媒体信息以帧为单位依次播放出来。Director 就是时间顺序式编辑工具的一个代表。

4. Web 式编辑工具

Web 式编辑工具主要用于开发制作在网络上运行的多媒体软件，如 Macromedia 公司推出的 Dreamweaver 软件。

二、多媒体课件开发的基本流程

多媒体课件开发是一项较为复杂的系统工程，涉及教育学、心理学、传播学、美学、计算机科学等多学科领域知识和不同背景的专业人员，需要开发小组全体人员通力合作，共同完成。一般来说，多媒体课件开发包括环境分析、系统设计、脚本设计、软件编写以及评价与修改等几个阶段。

(一)环境分析

多媒体课件的设计与开发,首先要进行教学的需求分析,即在某门课程的教学过程中确定如何利用课件弥补传统教学方式的不足,确定采用何种教学模式等。找到了这个需求点,也就找到了课件对的主题(题材),就可以决定设计和制作什么内容的、什么类型的课件。

1. 教学目标的确定

课件的主题和类型确定后,就可以对教学内容进行详细的分析,并在了解学习者特征的基础上制定可行的教学目标,以便指导和控制课件的设计与制作。

2. 教学内容的选择与排序

教学内容的选择应以课程标准为依据,并对教学内容做周密的安排,以确定哪部分内容先呈现,哪部分内容后呈现。一般来说,先呈现最简单、最基础的内容,然后向具体的、细节性的知识内容发展,应尽量突出教学中的重点和难点。

3. 运行环境分析

课件的运行环境包括硬件环境和软件环境两个方面。课件的设计和开发既要考虑课件的开发平台、计算机语言选用,也要考虑教学系统中相应的教学环境和教学设备等。

4. 开发成本估算

多媒体课件开发成本的估算也是不可缺少的。开发的总费用一般包括开发组成员的劳务费,各种参考资料费,磁盘、打印纸等各类消耗材料费以及软件维护费等。

(二)系统设计

系统设计是在环境分析的基础上进行课件开发的具体方案、策略和技术办法的整体设计,主要包括教学设计、结构设计、导航策略设计、交互界面与视觉元素设计四个环节。

1. 教学设计

课件开发过程中的教学设计最能体现教师的教学经验和个性，也是教学思想最直接和具体的表现。该阶段的主要任务包括对学习者特征的分析、教学目标的确定、教学内容的分析、教学模式的选择、教学策略和教学方法的应用以及教学效果的评价等。

2. 结构设计

多媒体课件信息量大，具有集成性、交互性、控制性强等特点，所以需根据教学设计的结果对课件的整体结构做好设计和规划，它是教学设计的思想在软件设计上的具体体现。

(1)课件的总体结构

多媒体课件既有一般计算机软件的结构和组成，同时又具有教材的结构和组成，它是由一页一页或一幅一幅的画面组成。多媒体课件的总体结构一般包括封面和封底、帮助、菜单、内容、界面、导航六部分。

①封面和封底。封面是运行课件时出现的第一幅框面，一般呈现制作单位的名称或课件的名称，常以几秒钟的视频或动画形式表现；封底用于标注课件的出版社、版权、开发时间等。

②帮助。帮助通常放在扉页，用于介绍课件的使用方法，帮助用户解决使用过程中的问题。

③菜单。菜单一般按课件的功能来设计，常用的功能菜单和快捷键要符合主流软件习惯，也有些课件不使用菜单。

④内容。内容是课件呈现的主要框面部分，用来呈现教学内容。各部分或各知识单元之间、知识点与知识单元之间、知识点之间通常利用“热键”“图标”“按钮”等方式实现跳转。

⑤界面。课件与一般的软件一样，需要设计用户与计算机交互界面，通常包括菜单、按钮、对话框，以及屏幕的图形、声音、色彩、动画等。

⑥导航。当多媒体课件系统信息量大，内部的信息结构关系复杂时，

学习者在学习过程中很容易迷失方向，常常不知道自己处于信息网络的何种位置，这时需要为学习者提供引导措施，这就要用到课件的导航系统。

(2)课件的内容结构

课件的内容一般由引入部分、指导部分和练习部分三部分构成。

①引入部分。使学习者通过本部分的学习从而顺利地进入后面的学习，达到预定的教学目标。

②指导部分。包括主指导成分和补充指导成分。主指导成分用于概念、法则、理论等基本内容的学习，它是使用课件的每一位学习者必须学习的内容；补充指导成分用于对主指导部分进行某种补充。

③练习部分。包括主练习成分和补充练习成分。

(3)课件结构设计的基本步骤

课程结构设计一般含以下基本步骤。

①设计课件的封面和导言。封面要求形象生动，并能自动进入导言部分；导言部分要阐明教学目标与要求，介绍课件的使用方法，呈现课件的基本结构。

②确定课件的菜单组成与形式。确定课件的主菜单和各级子菜单，并设计菜单的表达形式。

③划分教学单元并确定每个教学单元的知识点构成。将教学内容划分成若干教学单元，确定每个教学单元所包含的知识点。

④设计屏幕的风格与基本组成。根据不同的教学单元设计相应的屏幕类型，使相同的知识点具有相对固定的屏幕风格，并考虑每类屏幕的基本组成要素。

⑤确定屏幕内各要素的跳转关系。屏幕内各要素的跳转不能引起屏幕整体框架的翻转，只是屏幕内部某个要素的改变。

⑥确定屏幕与屏幕之间的跳转关系以及屏幕向主菜单或子菜单的返回方式。

⑦确定屏幕向结束的跳转关系。

3. 导航策略设计

多媒体课件的导航类型很多，如检索导航、帮助导航、线索导航、浏览导航、书签导航等。

(1)检索导航

检索导航使学习者在任何位置都可利用关键词、标题等快速检索所需的学习信息，查询自己的位置，迅速找到自己想要学习的内容。

(2)帮助导航

设计帮助菜单，当学习遇到困难时，学习者可借助帮助菜单获得软件提供的解决问题的方法和途径。

(3)线索导航

线索导航使学习者在浏览访问系统的链和节点时，可以设置和记录学习者的学习历史途径，可使学习者按原来的学习路径返回。

(4)浏览导航

浏览导航用可视化的图形标示出超文本结构，包括超文本网络结构中的各个节点及各节点之间的联系，以帮助学习者明确自己的位置，直接进入任何节点浏览。

(5)书签导航

学习者在浏览学习的过程中，将其认为重要或感兴趣的学习信息标上书签号，以后只要输入某书签号，就能快速检索到该学习信息，并返回设置书签的位置。

4. 交互界面与视觉元素的设计

交互界面与视觉元素的设计主要是对多媒体课件显示界面的元素进行组织安排、色彩搭配等方面的设计。

(1)界面对象布局

合理安排界面对象的布局是界面设计的第一步，在进行界面布局设计时要注意以下几点。

①恰当布置，主体突出。在界面上的对象应力求上下左右达到平衡；每一个界面对象，如窗口、按钮、菜单条等外观和操作应做到一致化；显示

内容应恰当，不应过多，切换不宜过快，界面不应过分拥挤，四周应留出一定的余地，显示不完可采用分页或滚动技术，应选用笔画丰满的字体，大小标题可用不同字体、字号，以区分层次和段落；文字的色彩也应有一定的对比，从而突出主体。

②重点集中，视觉明确。由于屏幕尺寸较小，要求重点集中，视觉明确。同一画面上，不应出现两个以上的兴趣中心，以免分散注意力。

③合理预留空行、空格。必要的空行、空格会使结构合理，条理清楚，阅读、查找方便；相反，过分密集的显示会损害学习者的视觉，也不利于学习者把注意力集中到有用的信息上。

④美观大方，层次清晰。界面设计要美观大方，不落俗套，但也不宜过分花哨。如果必须引入多种媒体，最好能让操作者控制并依次展示，给人以清晰、有序的感觉。

(2)色彩的选用

色彩的选用最重要的是明确色彩使用的目标和任务。要合理运用色彩，应注意以下几点。

①避免同时使用太多的色彩，在同一画面中一般不应超过四种色彩，过多的色彩会增加学习者的反应时间，增加出错的机会，容易引起视觉疲劳。

②在选择色彩时注意色彩的可分辨性和协调性。既要选择在光谱上有一定间隔的色彩，又要尽量避免将对比过于强烈的色彩放在一起。

③活动对象的色彩与非活动对象的色彩应不相同。活动对象的色彩要鲜艳一些，非活动对象的色彩要暗淡一些。

④定义色彩的含义要与用户的色彩经验和期望相一致。不同的人往往对色彩有着不同的理解。

⑤要注意色彩的空间分布位置。

⑥要注意色彩的顺序。如果要用一个色彩的渐变序号来表达某种顺序信息，色彩编排应与光谱顺序相吻合，以符合人们的视觉习惯。

(3)多媒体元素设计

多媒体信息的呈现形式有文本、图形/图像、音频、视频、动画等。这些媒体元素的主要功能是:提供感性材料,激发学习动机;提供具体经验,促进记忆理解;克服时空障碍,丰富课堂教学。

①文本。多媒体课件中应尽量用最少的文字来表明事实的含义。当必须使用大量文字时,应尽量避免文字集中在一起或在一屏上出现太多的文字;必须选用容易阅读的字体,颜色也要认真设计,避免分散学习者的注意力。

②底图。很多课件的框面都加入了底图,将教学内容呈现在底图上。建议将底图设置为白色或淡一点的色彩,在框面的右下角加入小块修饰图起平衡画面之用。

③声音。多媒体课件中的声音一定要根据声音的功能来设计。声音不能太多;音量尽量能够可调;声音的选取应配合文字、图像、视频等内容。

④动画、视频。动画和视频在屏幕上出现的位置要保持基本一致,一般放在屏幕的中央。为方便学习者操作,在动画、视频窗口下方应设计播放、停止、快进、倒退等按钮。

(4)交互界面设计

交互界面的设计要求方便操作,应具有一致性、容错性、兼容性。多媒体课件中进行人机交互的方式主要有菜单、按钮、图标、窗口和对话框等。

①菜单交互。菜单可以把用户当前要使用的操作命令以项目列表的方式显示在屏幕上,供学习者按需选择。菜单的形式多种多样,常用的有条形菜单、弹出式菜单、下拉菜单、图标式菜单等。

②按钮交互。按钮通常含有一套源程序,当被使用者激活时可以完成课件的某种功能操作。按钮的形状通常有三角形、矩形、圆形等平面图形,也可以是立体图形。当然,用户也可以根据需要使用编辑工具制作不同形状、不同颜色的按钮。

③图标交互。多媒体课件中的图标是用简洁的图形符号模拟现实中的事物,以形象、逼真地反映各种操作功能,如用“喇叭”图标表示声音等。

④窗口交互。窗口是指屏幕上的一块矩形区域。窗口内包括其他组

成屏幕的各种要素，并且可以缩放、移动、多级窗口叠放等。

⑤对话框交互。对话框通常以弹出式窗口呈现，通过对话框可以使学习者和系统进行更细致、更具体的信息交流活动。对话框常由一些选择项和参数设定空格组成。

（三）脚本设计

脚本是在教学设计基础上所做出的计算机与学生交互过程方案设计的详细报告，是下一阶段进行软件编写的直接蓝本，也是课件设计与实现的重要依据。脚本的设计包括总体设计和具体设计两个方面。总体设计是对课件的版面、图形文字、内容呈现方式、颜色和音乐等项目进行整体规划和设计，根据课件的目标、学生的特点和教学内容的需要，提出设计的标准、原则和方向，以保证课件中各媒体要素具有一致的内部设计；具体设计是根据总体设计所确定的原则和标准进行有关屏幕细节的设计，并通过脚本卡片给予准确的描述。

由于多媒体课件的设计包括教学设计和软件的系统设计，多媒体课件的脚本有文字脚本和制作脚本两种。

1. 文字脚本

文字脚本是由学科教师按照教学要求对课件所要表达的内容进行的文字描述，即“教什么”“如何教”和“学什么”“如何学”的文字描述，它包括教学目标的确定、教学内容和知识点的划分、学习者特征的分析、学习模式的选择、教学策略的制定和教学媒体的选择等内容。表6—1为多媒体课件文字脚本的一种样表。

表6—1　多媒体课件文字脚本样表

<table>
<tr><td colspan="2">多媒体课件名称</td><td colspan="2"></td><td>脚本编著者</td><td></td></tr>
<tr><td colspan="2">适用对象</td><td colspan="2"></td><td>编著者单位</td><td></td></tr>
<tr><td colspan="2">使用方式</td><td colspan="4">□课堂演示□学生自学□模拟实验□复习□资料</td></tr>
<tr><td colspan="6">内容知识点划分和媒体选择</td></tr>
<tr><td>序号</td><td>教学单元</td><td>知识点</td><td>教学目标</td><td>媒体类别</td><td>呈现方式</td></tr>
<tr><td></td><td></td><td></td><td></td><td></td><td></td></tr>
<tr><td></td><td></td><td></td><td></td><td></td><td></td></tr>
<tr><td></td><td></td><td></td><td></td><td></td><td></td></tr>
</table>

2. 制作脚本

多媒体课件的开发，还应考虑所呈现的各种媒体信息内容的位置、大小、显示特点，所以需要将文字脚本改写成制作脚本。制作脚本是在文字脚本基础上改写而成的，其能体现软件结构和教学功能，并可作为软件编制直接依据的一种具体描述。表 6－2 为多媒体课件制作脚本的一种样表。

表 6－2　多媒体课件制作脚本样表

<table>
<tr><td colspan="2">多媒体课件名称</td><td></td></tr>
<tr><td colspan="2">脚本编著者</td><td></td></tr>
<tr><td colspan="2">脚本编著者单位</td><td></td></tr>
<tr><td colspan="2">制作单位</td><td></td></tr>
<tr><td colspan="2">适用对象</td><td></td></tr>
<tr><td colspan="3">功能与作用</td></tr>
<tr><td>1</td><td colspan="2"></td></tr>
<tr><td>2</td><td colspan="2"></td></tr>
<tr><td colspan="3">主要模块分析</td></tr>
<tr><td>1</td><td colspan="2"></td></tr>
<tr><td>2</td><td colspan="2"></td></tr>
<tr><td>序号</td><td colspan="2">课件框架结构</td></tr>
<tr><td>1</td><td>屏幕设计草图</td><td>屏幕设计说明：
颜色：
窗口大小：
进入效果：
擦除效果：
解说词：</td></tr>
</table>

在多媒体课件的脚本设计中，计算机屏幕布局的合理与否，在一定程度上反映了课件的质量。在脚本设计中，通常都将屏幕划分为若干个功能区，使得同一个课件中各种类型的信息都有相对固定的位置，以避免学生频繁花时间在屏幕上寻找信息而无法集中精力学习教学内容。当然，屏幕功能区的划分也不是一成不变的，它可以随着信息容量的变化而做相应调整。

（四）软件编写

软件编写阶段的任务是将教学设计阶段所确定的教学策略以及脚本设计阶段所编写的制作脚本用某种计算机语言或多媒体软件工具加以实现的过程，主要包括数据准备、编辑制作与测试等基本环节。

1. 数据准备

数据准备阶段的工作主要是进行文本的输入、图形/图像的扫描与处理、动画的制作以及视频的编辑等。为了提高效率，应该尽量收集、利用现有的多媒体素材，根据教学内容和教学设计的媒体内容进行编辑加工。素材的选择和应用要贴近教学内容和教学设计的媒体内容，与教学规律和教学内容不符合的素材不应使用。

2. 编辑制作与测试

在多媒体素材采集、编辑完成后，利用多媒体集成工具或某种计算机高级语言进行编程，将其制作成多媒体课件。课件程序编写完成后应进行仔细的调试，调试的目的是找出程序中隐含的各种可能错误并加以排除，包括教学内容上和计算机语言文法上的各种错误。

（五）评价与修改

评价与修改是课件开发过程中的一个重要环节，贯穿在课件开发的环境分析、系统设计、脚本设计和软件编写等每一个环节中。多媒体课件的评价方法和评价标准很多，但一般来说，都是从教学内容、教学质量以及软件技术三个方面来进行评价。

1. 教学内容

教学内容方面的评价包括教学内容是否正确；是否有教学价值；是否符合教学规律和因材施教原则等。

2. 教学质量

教学质量方面的评价包括教学目标是否正确；能否有效激发学生的学习兴趣和积极性；是否有利于培养学生的能力；教学模式是否运用恰当；课件的适用性、实用性怎么样等。

3. 软件技术

软件技术方面的评价包括界面是否友好，文本、图形/图像、声音、动画、视频的质量如何，屏幕布局是否合理，软件的可靠性和兼容性如何等。

一个完整的课件，除了要在程序中包含联机帮助功能以外，还必须提供相关的文档，如学生手册、教师手册、技术手册等。因此，在课件程序编写和调试结束后，还必须编写相应的文档。

第二节　课件的编辑与制作

目前常用的课件制作方式有四种，分别是程序设计语言、课件写作语言、课件制作工具和制作多媒体制作系统。

一、程序设计语言

用于开发课件的程序设计语言包括 Java、JSP、ASP、PHP、Visual C＋＋、C＃、Visual Basic 等。使用程序设计语言开发课件，要求课件开发人员具有扎实的计算机知识并且熟练地掌握一种程序设计语言。这种方式的优点在于开发出的课件有较好的可移植性和较大的灵活性，并且可以充分发挥计算机的性能。但是，使用这种方式在开发过程中要处理较复杂的软件结构，工作量大，影响开发效率。

这种方式一般适于计算机专业人员使用，而对于非计算机专业人员的一线学科教师则不适用。

二、课件写作语言

专业课件写作语言(authoring system)是一种专门用于开发课件的计算机语言。它提供了如课文呈现、响应处理、作图、提示等针对课件开发的相关语句，因此，它比程序设计语言更适合于课件的开发，也更容易学习和使用。TUTOR、PILOT 是早期广泛使用的写作语言的代表，课件写作语言一般都有以下特点。

(1)表达方式简单明了。

(2)提供了多种人机交互形式。

(3)具有多种匹配及判断能力。

(4)支持多媒体编辑与处理。

(5)具有专用的课件制作与管理命令。

(6)具有数据库管理功能。

由于多媒体制作系统的发展,课件写作语言已很少被单独用于课件开发,而是更多地与多媒体制作系统融为一体,而成为其功能的一部分。

三、课件制作工具

所谓课件制作工具是指专门为制作课件(或专门为制作某一学科的课件)而开发的工具软件。这种工具专用性强,使用简单,一般都具有学科特点。例如,专门用于数学课件开发的课件制作工具,可以显示各种数学表达式,支持符号演算,提供数学符号库、图形函数库,以及各种制作模式和课件管理模块。这种课件制作工具非常适合一线学科教师自己制作课件。使用这种工具制作课件,课件开发人员一般不必考虑如何编程,而只需考虑课件的教学内容、教学策略,并根据课件制作工具的提示,通过人机对话的方式设计课件的逻辑结构和运行顺序等,课件制作工具可以自动生成相应的可执行代码,从而完成课件的制作。使用课件制作工具制作课件的缺点在于所制作的课件教学模式相对固定,难于实现较为复杂的教学过程,而且制作的灵活性差,难以实现功能扩展。

四、多媒体制作系统

多媒体制作系统又称为多媒体开发环境,一般由一组实现各种功能的工具软件组成,典型的多媒体制作系统由媒体编辑处理工具、多媒体集成工具、作品演播环境等部分构成。

媒体编辑处理工具主要用于对课件制作中所要用到的媒体素材进行采集和编辑,使媒体素材满足课件制作的需要。媒体编辑处理工具又可以分为文本编辑、图像编辑、声音编辑、动画制作、视频采集与编辑等几类。

多媒体集成工具主要用于将各种媒体素材有机地集成为多媒体课件。在通常情况下,它可以对各种媒体素材进行时间与空间上的设置,使其按照某种协调关系进行播放。多媒体集成工具一般具有以下功能。

(一)媒体导入与属性设置

课件需要使用原有的媒体数据或导入新的媒体,这就要求多媒体集成工具具有处理各种媒体数据和导入新媒体的功能,以及将各种媒体间的同步关系准确地表达出来,并确保各个媒体素材按照既定的同步关系播放的功能。

(二)提供面向对象的设计环境

多媒体集成工具提供模块化及面向对象的设计环境。

(三)具有外部接口

多媒体集成工具具有控制、调用其他外部程序或其他数据的功能,以完成自己难以独立完成的工作。

(四)提供编辑与运行的环境

这项功能使开发人员在课件制作过程中,可以随意切换编辑与运行两种状态,有利于课件的制作与调试。

(五)打包与封装

由于课件是由包括多种媒体文件在内的一组信息构成的集合,因此作为一个完善的产品,在制作完成后应进行打包与封装,使相关的信息集合形成一个完整的系统并生成可安装的文件,以便发行时脱离开发环境而安装到其他系统下使用。

五、常用的课件制作工具

课件制作工具很多,大致可以分为以下五种类型。

(一)页面型

这类课件制作工具提供了一种可以将对象连接于页面上的工作环境。媒体文件与数据信息是用页面的形式来组织的,一个页面就是课件结构中的一个节点和一个课件制作单位。这类课件制作工具最突出的功能是超链接功能，因而特别适合各类学科教师制作电子教案。典型的页面型课件制作工具是 PowerPoint。

PowerPoint 是 Microsoft Office 系列软件之一，Microsoft Office 系列软件的操作界面与操作方法相似，易于学习，更重要的是其相互之间具有良好的数据共享性。PowerPoint 是 Microsoft Office 系列软件中用于制作演示文稿的软件，适于制作演示型课件。它集文字、图像、动画、声音、视频媒体于一体，可以制作出可控制、可交互、图文并茂的多媒体幻灯片，并在计算机或投影屏幕上动态演示。它制作简单，通用性强，特别适合课堂教学使用，深受一线教师的喜爱。在使用 PowerPoint 制作课件时，其基本页面是幻灯片，一个课件可以由若干张幻灯片组成，可以通过插入、复制、删除幻灯片等来调整幻灯片的张数。每张幻灯片的播放顺序可以由使用者来调整。对于每一张幻灯片来说，可以利用 PowerPoint 中的"插入"选项卡，在幻灯片上添加文本、图片、声音和视频等媒体素材，并通过设置来实现各个媒体素材的播放顺序和播放效果；可以利用超链接命令来实现从一张幻灯片跳转到其他幻灯片，或者跳转到其他演示文稿、Word 文档、Excel 电子表格、网站地址，甚至调用其他应用程序；可以通过动作按钮实现简单交互；可以使用 Visual Basic for Application（VBA）制作填空题、单项选择题、多项选择题和判断题，形成比较复杂的交互练习型课件。另外，PowerPoint 自带的绘图笔在放映时也很实用。PowerPoint 操作十分简便，只要具有 Word 操作技能，就可以快捷地制作出幻灯片课件。

（二）图标型

在这类课件制作工具中，数据是以对象或事件的顺序来组织的，并且以流程图为主干，将各种图像、声音、动画、视频等一个个设置在流程图中，流程图中可以包括起始事件、分支、处理及结束等各种图标。课件开发人员可以依照流程图将适当的对象从图标库中拖至工作区内。

（三）时序型

在这类课件制作工具中，数据或事件是以一个时间顺序来组织的。

其基本设计思想是用时间线的方式表达各种媒体元素在时间上的相对关系,把抽象的时间观念可视化,因而比较适合制作对交互性要求不高、仅需循环播放的多媒体课件。这类课件制作工具特别适合制作动画(甚至是广播级的动画)类课件。

(四)网络型

这类课件制作工具可以用来制作基于网络环境的课件。典型的网络型课件制作工具有 Dreamweaver、Fireworks 和 FrontPage 等,它们与 Java Script、Flash 等结合起来,可以制作出生动、内容丰富、交互性強的网络课件。其中,Dreamweaver 是 Adobe 公司推出的 Web 网页制作和网站管理工具。Dreamweaver 具有易学易用、所见即所得的优点。由于该软件并不要求开发人员有编程的经验,所以很适合学科教师开发基于 Web 的网络课件。

在 Dreamweaver 中,可以很方便地将各种媒体素材组织在一起,形成功能强大的网络课件。利用其数据发布功能,还可以实现远程教育,达到教育资源共享的目的。

(五)移动型

随着移动技术和移动终端的快速发展,移动学习日益普及,因而对移动型课件的需求越来越大。移动型课件制作工具可以用来制作基于移动环境的课件,其典型代表为 HTML5。HTML5 因其在课件稳定性、良好的交互性以及支持跨平台学习等方面的优势,逐渐成为课件开发人员青睐的一种课件制作工具。

第三节　课件制作工具的评价与选用

对于课件开发人员来说,了解如何对课件制作工具进行评价是十分重要的,只有了解如何对课件制作工具进行评价,才能有的放矢地选用课件制作工具,多快好省地开发出好的课件来。

一、课件制作工具的评价

对于一个课件制作工具，可以从以下几个方面来评价。

(1)制作出的课件适应性强，可以应用于不同的软件和硬件环境，以便在不同的教学环境下使用。

(2)能够很好地表达课件的逻辑结构和教学思想。

(3)能够提供适合教学需要的交互方式、对话界面，以便学习者进行提问、练习及测验等操作。

(4)具有数据存储与处理的能力，能够用于满足学习者分数统计、身份验证、随机出题等数据处理的要求。

(5)能够灵活地控制和改变课件的执行顺序，并能够按照要求跳转到指定的教学内容中，以实现因时、因地、因人施教的教学原则。

(6)可以按照需要使用不同的媒体进行教学，并且有良好的媒体播放与控制能力以及同步协调能力。

(7)具有教师与课件同时表达教学内容的能力，如提供白板等。

(8)具有链接其他资源及课件的能力。

(9)具有很好的容错能力，以避免由于误操作而引起的教学故障。

(10)易学、易用。

二、课件制作工具的选用

在对课件制作工具进行评价之后，可以结合工具的基本特性、开发人员的情况和最终用户的情况来选用合适的课件制作工具。

(一)工具的基本特性

对开发支持环境及课件运行环境的要求，包括所选用的课件制作工具对计算机处理速度和存储器容量的要求、开发出的课件所适用的机型及可移植性等。

所提供的功能能否满足课件的设计要求，包括是否支持媒体素材导入，是否支持所需的媒体格式、显示方式以及显示分辨率等。

此外，还应该考虑编程环境、超链接能力、媒体集成能力、动画创作能力、易学习性、易使用性、文档是否丰富等因素。

（二）开发人员的情况

在选用课件制作工具时还应该考虑开发人员的情况，如所拥有的开发设备、开发经费，以及所具有的知识结构与素质等。一般来说，首先，应该选用开发人员熟悉的课件制作工具。其次，应该根据所开发课件的规模与特点来选用课件制作工具。需要说明的是，并不是工具软件功能越齐全、版本越高越好，因为工具软件功能越齐全、版本越高，一方面对开发与运行的软件和硬件环境的要求更高，一方面不利于开发人员掌握，会增加开发的难度与成本，因此应该选用技术成熟、运行稳定的工具软件及合适的版本。

（三）最终用户的情况

在选用课件制作工具时还要考虑课件最终用户的情况，如用户所能提供的运行环境，用户的年龄、文化层次、计算机操作水平等。

总之，选择一个合适的课件制作工具，会对课件开发起到事半功倍的作用。需要指出的是，课件开发人员一般不会只选择一种课件制作工具来开发整个课件，而是根据具体情况将多种课件制作工具组合起来完成课件的开发。

第四节　演示型多媒体课件制作

演示型多媒体课件制作软件类型多样，目前最流行的是 PowerPoint 和 WPS 两种软件。下面以 PowerPoint 为例介绍演示型多媒体课件制作的技巧和方法。

一、用 PowerPoint 制作课件的基本技巧

PowerPoint 内置丰富的动画、过渡效果和多种声音效果，并有强大的超级链接功能，可以直接调用外部众多文件，能够满足一般教学要求，而且简单易学，是目前大多数教师制作多媒体辅助教学课件的常用软件。利用 PowerPoint 制作课件的基本技巧如下。

(一)结构要清晰

在传统的课堂教学中,教师通过板书呈现重要的教学内容。通常情况下,一节 45 分钟的课程,教师的板书是两到三板,而相同的时间内 PPT(即 PowerPoint 软件的文件格式)幻灯片要用到 10～25 张,PPT 极大地丰富了课堂的信息量。但也带来一个问题,如果没有清晰的层次结构,巨大的信息量会让学生晕头转向,记录课堂笔记也很困难。

要让 PPT 课件结构清晰,应注意:第一,课件中的文字要精练,教材上的大段文字阐述不必在课件中重复出现,即使出现,也要尽量浓缩,以浅显、精练的文字归纳出要点;第二,在课件中可多次重复目录页,每讲完一个大问题,都重复播放目录页,使走神的学生也能追上课程的思路;第三,整个课程的项目符号和编号要统一,并尽量与教材保持一致,以方便学生做笔记。

(二)版面要合理

1. 课件的首页要整洁

课件的首页一般来说是一个欢迎页面或者是课件的标题,不需要太多的内容,但可以稍华丽一点。一幅符合主题的画面加上一段简洁的欢迎词或者标题内容就可以构成课件的首页。为了让等待的过程不至于太枯燥,可以将首页设置为动画形式,最好能插上一段轻音乐或符合主题的其他音乐,但音乐的设置要完整,在正式上课时要能自动停止。

2. 课件的目录要简洁

课件的目录就像是一个导向牌,完整的目录至少应该具备标题、导航条和退出按钮。课件目录应尽量做到简洁、统一,风格一致,让人看上去一目了然。

3. 文字的安排要合理

处理文字时要注意以下几点。

(1)文字较少时可采用相对较大的字号,但不要让文字充满整个屏幕,可以在空余的地方插入一些不太容易引人注意的图片或小动画。文字充满整个屏幕会给人一种压迫感。

(2)单张 PPT 幻灯片中文字的字数以 30～60 个汉字为宜，讲解时间 3～5 分钟；如果一个问题或概念的内容比较多，应拆分为两张。心理学的研究表明，学生的注意力集中的时间在 15～25 分钟之间。因此，在制作 PPT 课件时，要有意识地在学生容易走神的时间段，插入一段动画、声音或其他能引发学生注意的素材。

(3)文字较多时可以采用分屏显示或“移动”手法。但应该注意：标题一般情况下不要随之移动；如果文本比较长，应分屏显示，切忌强行把文字堆积在一张幻灯片上；设置文本移动时，应设置为重复移动，或者在文本移动结束后设置为自动切换到另一张幻灯片或目录，切忌留下一个只有按钮的空屏。

4. 整体色调、风格要协调

(1)按钮的设置要统一

在课件中按钮可以采用文字、图片或图标来设置。在设置时应注意：按钮的大小、位置要适当，尽量放在底部；按钮尽量不要吸引学生的注意力，但在需要时能让操作人员很容易找到，而且效果相同的按钮尽量使用统一图标。

(2)整体色调、风格要协调

优秀的课件的整体色调、风格应该是统一的，主要体现在对背景色的处理上，切忌花哨、凌乱。没有特别的要求一般不需要更改背景设置的色调或风格。在 PowerPoint 里有很多自带的模板，完全可以满足制作课件的风格需求。

5. 多媒体元素的应用要恰当

(1)图片

运用图片时要符合教学的主题，可以采用进入、退出或移动等手法，但要注意：结构、布局要合理，一个页面里有较多的图片同时出现时，图片和图片之间不要有重叠，并且尽量对齐，或按照一定的规则排列，松紧要得当；图文混排时要注意突出重点，不要让陪衬的其他配件喧宾夺主，文字尽量不覆盖在图案上；自定义动画设置要完整，图片的位置要摆放合理、移动要完整、速度设置不能太快。

(2)音乐

把握播放时机，一般来说在观看图片或等待时插入音乐比较合适。

(3)视频

尽可能通过插入对象来完成，尽量不直接链接到外部文件，这样可以不用切换到媒体播放程序就能打开并控制所需要插入的视频文件。

(4)动画

GIF 动画的插入一般没有太大的问题；对于自制的 Flash 动画，由于其底色不能和课件模板的底色相融，可以在动画的周围画一个边框加以修饰，使页面看上去比较协调。

课件是为教学服务的，过多、过于花哨的多媒体素材反而会分散学生的注意力。

6. 超链接、动作的设置要完整

一个完整的课件中存在着大量的超链接和动作，在设置完后，一定要通过播放来检查一下链接和动作的正确性，以防出现死链或不应有的动作，这是保证课件质量最重要的一个环节。

二、用 PowerPoint 制作课件的基本方法

(一)构思

根据 PowerPoint 的特点，按照幻灯片一张一张的样式，考虑模板的选取、版式的选择、效果的设置、动画出现的时间以及放映时的链接等，然后精心构思场景，写出多媒体课件制作的方案。

(二)用 PowerPoint 制作课件的基本过程

用 PowerPoint 制作课件的基本过程如下。

1. 新建文档

(1)新建空白文档

当启动 PowerPoint 软件时，系统会自动创建一个空白文档，其包含

一张有主、副标题占位符的空白标题幻灯片，用户可以在该幻灯片的相应位置键入需要的标题文字。

在“开始”菜单里找到“幻灯片”栏目，单击“新建幻灯片”命令，创建一个包含一张新幻灯片的演示文稿。新幻灯片创建后，用户可以根据自己的需要，更改幻灯片的版式。

(2)根据模板新建

为制作统一风格的课件，教师可以根据教案设计，精心选择设计模板。PowerPoint 提供了几十种构思精巧、设计合理、制作精良的模板。利用模板，教师可以在最短的时间内制作出较为理想的幻灯片，大幅节省时间和精力。在制作课件的过程中，还可随时更换或修改模板。

2. 视图方式

PowerPoint 提供了多种视图方式，在“视图切换按钮”工具栏有 3 种常用视图方式：普通视图、幻灯片浏览视图、从当前幻灯片开始放映。

(1)普通视图

普通视图每次只能显示一张幻灯片，演示文稿窗口所占的区域较大。在普通视图，用户能够方便地建立和编辑幻灯片中的对象。

(2)幻灯片浏览视图

在幻灯片浏览视图下，演示文稿以一系列缩小了的幻灯片形式按行依次排列。这时可以同时观看多张幻灯片，单击需要调整的幻灯片，当其具有黑色边框时，即可对其进行调整；按“Delete”键可将选中的幻灯片删除；单击幻灯片之间的某处，当出现光标插入点时，可插入新幻灯片。

(3)从当前幻灯片开始放映

从当前幻灯片开始放映视图方式可以将演示文稿从当前窗口显示的幻灯片开始，按照预先设计好的方式进行播放。在放映过程中按下“Esc”键，便可返回到演示文稿窗口。

3. 插入幻灯片

在需要插入幻灯片时，可以直接点击“新幻灯片”插入，也可以单击工具栏中的“插入”按钮来插入新幻灯片。

(1)可以选择空白版式,自由发挥想象力,创建有个性的页面。

(2)可以选择合适的版式,加快制作进程。程序默认的是大小标题两个文本框版式,如果不用这种版式,要将文本框删除。

4.添加文本

在教学用多媒体课件中,文字在信息传递方面无疑起主要作用,制作课件时要精心考虑文字内容。要将文字内容做到详略得当、繁简适中。

PowerPoint 中,文本可在幻灯片视图中输入,也可在大纲视图中输入,一般都在幻灯片视图中输入。PowerPoint 中,文本的类型主要有占位符文本、形状图形文本、文本框文本、艺术字文本。

(1)占位符文本

在不同的幻灯片版式中均包含了不同形式的文本占位符。利用文本占位符可以快速将文字输入幻灯片中,单击文本占位符中的任意位置,光标将会在插入点闪烁,此时直接输入文字即可。占位符文本的大小、位置、格式都可以进行修改。

(2)形状图形文本

在制作演示文稿时,常常会用到一些简单的图形,形状图是一个很方便的作图工具,其中还可输入文本信息。当在形状图中键入文本后,文本附加到图形,并随图形移动或旋转。形状图形文本可以设置边框、填充、阴影或三维效果等各种效果,还可以编辑形状。

(3)文本框文本

页面上的文本是以文本框的形式呈现的,所以要插入文本框才能输入文本。文本框可以通过在工具栏中直接点击“插入文本框”图标插入,也可以通过单击菜单栏中的“插入→插入文本框”命令插入。在 PowerPoint 中可以输入横向的文本,还可以输入竖向的文本。

(4)艺术字文本

适当变换字体能吸引人的注意力,艺术字可以通过单击工具栏中的“艺术字”图标插入,也可以通过单击菜单栏中的“插入→图片→艺术字”命令插入。PowerPoint 中,艺术字是以图形的形式出现的,是一个整体,只能进行整体编辑。

5. 添加图形

将图形和文字进行配合，可以增强课件的渲染能力，增强演示效果。

(1)插入图片

在 PowerPoint 中，用户可以从剪贴画中为幻灯片添加图片，或者插入外部图片，后者较为常用插入图片的操作。

无论是插入剪贴画还是来自文件的图片，都可以对图像进行调整、缩放、裁剪等加工处理。如果要改动插入图片的位置，首先单击它，当图片四周出现 8 个控点时，在图片上按住鼠标左键可将其拖动到合适的位置；按住鼠标左键拖动控点，则可以改变图片的大小。若想删除该图片，按键盘上的“Delete”键即可。

(2)绘制图形

有时为了使要表达的内容更直观，往往要借助图形加以表现。例如，数据对比时需要用到柱状图、饼状图，分析课文结构时常常用到大括号和箭头，分析选项时常常用到标注性的图形。对编辑好的多个图形进行“组合”，可以得到简单明了的效果。

6. 插入图表和结构图

(1)插入图表

插入新幻灯片时，选择带有图表版式的幻灯片，在“单击图标添加内容”处单击需要插入图表的图标，即可插入图表。

(2)插入结构图

为了形象地表达结构、层次关系，可以在幻灯片中插入组织结构图。在新幻灯片版式图中选择组织结构图的版式，双击组织结构图的占位符，就可启动组织结构图处理窗口。这时利用组织结构图编辑工具可方便地进行增加、删除组织结构图，并可在文本框中单击添加文本。

7. 插入声音和视频

(1)插入声音

PowerPoint 可以插入剪辑库中的声音、录制的声音、文件中的声音。

①插入文件中的声音。单击菜单栏中的“插入→影片和声音→文件中的声音”命令,出现“插入声音”对话框。选中要插入的声音文件,单击“确定”按钮,这时系统提示“是否需要在幻灯片放映时自动播放声音”,单击“是”按钮确认。插入的声音在放映幻灯片时会自动播放,如果想在放映之前进行试听,可以双击一下“小喇叭”图标。

②插入录制的声音。连接好麦克风,单击菜单栏中的“插入→影片和声音→录制声音”命令,在弹出的“录音”对话框中录制声音,然后单击“确定”按钮,就可以将录制的声音添加到演示文稿。

(2)插入视频

插入影片的操作和插入声音是非常相似的。单击菜单栏中的“插入→影片和声音→文件中的影片”命令,弹出“插入影片”对话框,选择要插入的电影文件,单击“确定”按钮。

系统提示“是否需要在幻灯片放映时自动播放影片”,单击“是”按钮确认;最后双击播放。

8. 插入 Flash 动画

在幻灯片里插入 Flash 动画可以有两种方法。

(1)利用控件

在幻灯片中单击需要插入动画的位置,单击菜单栏中的“视图→工具栏”命令,在出现“控件工具箱”对话框,单击“其他控件”按钮;在下拉菜单选择“Shockwave Flash Object”,出现“+”号标志,将该标志移动到 PowerPoint 的编辑区域中,画出适合大小的矩形区域(也就是播放动画的区域框)。双击矩形区域,在出现的界面中点击窗口左边“属性”对话框中“自定义”旁边的三点,弹出“属性页”对话框。在“影片 URL”中输入 Flash 动画的完整地址(可以是网络地址也可以是本地地址),单击“确定”按钮,即可将 Flash 动画插入幻灯片中。

(2)插入对象

在幻灯片中单击需要插入 Flash 动画的位置,单击菜单栏中的“插入→对象”命令。在弹出“插入对象”对话框中,选择“由文件创建”,单击“浏览”按钮,选择需要插入的 Flash 动画文件,单击“确定”按钮。这时,在幻灯片中就出现了一个 Flash 动画文件的图标，用户可以更改图标的大小或者移动它的位置。在这个图标上单击鼠标右键，选择“动作设置”，在弹出的窗口中选择“单击鼠标”或“鼠标移动”，再点击“对象动作”，在下拉菜单中选择“激活内容”，最后单击“确定”按钮，插入动画完成。

9. 设置对象动画

动画在课件设计中有其极重要的地位，好的动画效果可以明确主题，渲染气氛，产生特殊的视觉效果。PowerPoint 中的动画效果有以下几种。

(1)幻灯片切换

为了增强演示文稿的放映效果，可以为每张幻灯片设置切换方式。首先选中需要设置切换方式的幻灯片，然后单击菜单栏中的“幻灯片放映→幻灯片切换”命令，出现“幻灯片切换”对话框。在窗口右边打开的“幻灯片切换”对话框中选择切换方式，并根据需要设置好“速度”“声音”“换片方式”等选项。如果需要将此切换方式应用于整个演示文稿，只需要在对话框中，单击一下“应用于所有幻灯片”按钮就可以了。

(2)幻灯片动画方案

幻灯片动画方案用于定义幻灯片中各个元素(文本、图形、声音、图像和其他对象)的动画。

(3)自定义动画

自定义动画用于分别定义幻灯片中各个元素(文本、图形、声音、图像和其他对象)的动画。选中需要设置动画的对象，单击菜单栏中的“幻灯片放映→自定义动画”，在窗口右边出现的“自定义动画”对话框中，单击“添加效果”，在弹出的下拉列表中，选择要添加的动画效果即可。

10. 幻灯片的链接

默认情况下，放映幻灯片是从前往后一张一张依次出现的，在 PowerPoint 中可以创建超级链接，单击超级链接后可跳转到其他演示文稿、幻灯片或文本中。

(1)超级链接

创建超级链接的方法有以下几个步骤。

①选择幻灯片中需要创建链接的元素，然后选择“插入→超链接”命令，出现“插入超链接”对话框。

②在“插入超链接”对话框中，选择要链接到的演示文稿、幻灯片或电子邮件。

（2）动作按钮

建立一些动作按钮，如“上一步”“下一步”“帮助”“播放声音”和“播放影片”文字按钮或图形按钮等。放映时单击这些按钮，就能实现跳转到其他幻灯片或激活另一个程序、播放声音、播放影片、实现选择题的反馈、打开网络资源等操作，实现交互功能。动作按钮的设置方法有以下几个步骤。

①选择需要创建超级链接的幻灯片，然后选择“幻灯片放映→动作按钮”命令，在弹出的菜单中选择任意一种按钮。

②在幻灯片中拖动绘制按钮，出现“动作设置”对话框，在其中设置该按钮链接的位置。

11.幻灯片的放映

（1）改变演示文稿中的幻灯片播放顺序

在“幻灯片浏览”视图中可以修改幻灯片的次序，也可以使用自定义放映来决定要播放哪些幻灯片和以什么次序播放。

（2）让演示文稿自动播放

单击菜单栏中的“幻灯片放映→排练计时”命令，进入幻灯片计时状态。在屏幕左上角出现一个排练计时器，可以通过“暂停”“重复”按钮，设置当前幻灯片放映时间。如果认为时间不合适，可以选择“重复”，重新为当前幻灯片计时。在计时状态下进行排练演示，演示结束到达幻灯片末尾时，单击“是”则接受排练时间，单击“否”则重新开始。设置好放映时间后再进行放映时，演示文稿便可以根据排练时间进行自动放映。

（3）在放映时可以将屏幕作为黑板使用

在放映状态下，单击鼠标右键，在弹出的快捷菜单里的“指针选项”中选择“绘图笔”和“绘图笔颜色”，便可用彩色线条将重点部分勾画出来，引起观众注意。要擦除彩色线条可按键盘上的 E 键。

(4)让演示文稿中的音视频在其他计算机上也正常播放

因为音视频对象在插入幻灯片的时候是以链接方式插入的,播放时需要音视频对象对应的文件支持,不能改变演示文稿和音视频文件存放的相对路径。在制作演示文稿的时候,将演示文稿和音视频文件存放在同一目录下,拷贝的时候一起拷贝,这样才能让演示文稿中的音视频在其他计算机也能正常播放。

(5)在没有安装 PowerPoint 的计算机上播放演示文稿

在编辑好演示文稿之后,单击菜单栏中的"文件→打包成 CD"选项,出现"打包成 CD"对话框,单击"复制到文件夹"按钮,在弹出的对话框中选择要存放打包文件的地址以及输入演示文稿的名字之后,单击"确定"按钮。将已打包好的文件夹拷贝到要运行演示文稿的另一台计算机上,双击文件夹中的 Ppview32. exe 文件,再单击要运行的演示文稿即可播放。

第七章 网络课程的设计与应用

第一节 网络课程简介

当前,互联网已经极大地改变了人们的生产和生活。互联网的广泛普及也给教育行业带来了前所未有的机遇和挑战,它改变了教师的教学方式,也改变了学生的学习方式。如何在网络环境下向学习者提供高质量的教育项目呢?设计精良的网络课程是必不可少的。

一、网络课程概念

(一)网络教育与远程教育

远程教育是在师生时空相对分离的状态下实施教学的一种教育形式,远程教育的发展是与所采用的信息传播技术息息相关的。最早采用邮政、信函等方式进行的远程教育称为函授教育。采用广播电视、电话等信息技术的远程教育叫作广播电视教育,俗称“电大”。采用多媒体计算机技术和网络技术的远程教育则称为网络教育,即网络教育是第三代远程教育。

(二)网络教育的两大功能要素

要实施高质量的远程教育必须为学生提供学习支持服务,即除了提供多媒体的网络课程之外,还必须提供答疑、讨论等双向交互的支持服务。

网络教育的两大功能要素是指:课程资源开发与学习支持服务。要实施高质量的网络教育,这二者缺一不可。课程资源开发是指根据学习者的特点，开发适合他们自学的多媒体网络课程。学习支持是一种组织形式，通过这种形式，学习者可以充分利用机构的教学服务设施。学生支持是信息、资源、人员和设施服务的总和。

（三）网络课程的定义

1. 定义

网络课程是通过网络表现的某门学科的教学内容及实施的教学活动的总和，它包括两个组成部分：按一定的教学目标、教学策略组织起来的教学内容和网络教学支撑环境。

简单地说，网络课程就是通过互联网来实现课程的功能。因为网络不同于传统的课堂教学，所以要在了解网络特点的基础上才能设计开发出优质的网络课程。

2. 网络课程的要素

由于研究的角度不同，学者们对网络课程要素的看法有差异。其中网络课程六要素说认同度较高。

网络课程是通过信息技术手段实现的，教学模式也是根据采用的技术手段决定的，因此技术手段是网络课程的第一要素。传统的远程教育采用邮政系统、广播或电视手段传递教学信息，决定了函授教育和广播电视教育的教学模式。信息时代采用计算机、互联网方式开展的远程教育具有明显的时代特征。近年来，通过互联网的双向视频、手机短信、QQ群等手段越来越多地进入网络教育中，起到了很好的教学和管理作用，新一代的平台开发技术、虚拟实验技术等也在积极的探索中。

二、网络课程设计原则

网络课程设计不能简单套用传统课程设计的思路和方法，一是要充分发挥网络媒体的特长；二是要适当体现当代教育改革的精神。网络课程的设计要遵循以下原则。

（一）以学习者为中心原则

网络教育特点决定了网络学习中即使是协作学习也要在学习者的独立学习基础上进行。网络课程设计要以多种多样的形式向学生提供与学习内容相关的现象、观点、数据和资料，并适当地留出空间让学生发挥自由思维活动，才能调动学习者的积极性，减少网络学习可能给学习者带来的情感缺失等问题。

（二）开放性原则

开放性原则是指设计的网络课程应有多个学习起点和多条学习路径。建构主义强调事物的复杂性和多样性，对事物的了解或对知识的掌握应从多层次、多角度入手，没有必要给学习者设定一个固定的学习起点。还要给学习者创建一个开放性的学习氛围，让所有的学习者可以畅所欲言，都可以成为网络课程的设计者，这样可以使学习者有更强烈的归属感和成就感。

（三）情境性原则

情境性原则是指网络课程要给学习者提供和显示与其生活相类似的或真实的情境，以利于学习者在这种环境中去发现问题、探索或解决问题，从而提高学习的质量。建构主义强调真理的相对性，重视认识中的主观能动性，所以网络课程要尽可能地提供有利于学习者主动建构意义的情境。

三、网络课程开发过程

（一）一般流程

网络课程、网络教学资源的开发在远程教育、教育技术领域是一项常规性工作。该流程揭示了网络教育资源的开发是一个由分析、设计、制作、测试和评价组成的系统过程，也是一个不断修正、不断改进的发展过程。

（二）分析

网络课程的实施必然是为了满足某个具体的学习需要，因此分析也称为学习需要分析。学习资源设计与开发的第一步就是进行周密的分析,经过分析得出具体的学习需求,这是设计、开发和测试的基础。学习需要的分析要从四个方面入手,如表7－1所示。

表7－1　学习需要分析方法

学习需要分析	学习内容分析	认知、情感、动作技能
	学习者分析	学习风格
		知识水平
		网络技术水平
		对学习的期望
	网络条件	硬件及网络带宽
		软件
	调查研究	是否有类似的课程可借鉴
		课程需要的资源、素材是否易得

1.学习者分析

学习者分析应考虑的问题:学习者的学习风格;学习者对网络的熟悉程度;他们是否具有课程学习的先决知识;他们最期望得到什么知识或技能。

2.学习内容分析

根据学习者的具体情况,分析将要开发课程的特点,课程内容的取舍与组织,以及讲解的方式与深度。整个内容的选择和组织,要做到中心明确、重点突出、层次分明。为了便于网络课程的动态生成,我们把要开发的课程资源分成三类,即认知类、技能操作类和问题解决类。

认知类:主要包括对概念、原理、规则等的学习,使学生学会应用符号或概念与他们所处的环境相互作用。

动作技能类:主要包括行为表现和操作步骤的学习,使学生能通过肢体动作完成特定的任务和要求。

问题解决类:主要是指应对某一具体问题情境的方法和策略的学习,使学生学会综合知识与技能,运用恰当的认知策略,解决特定问题。

这三类中,每一类都有相应的应用模式,如表7－2所示。

表 7—2　资源分类实现表

资源分类		资源形式	资源应用
认知类	概念、事实	动画讲授型课件 资料呈现型课件 测试型课件	讲授、讨论
	命题网络（有组织的知识）	动画讲授型课件 资料呈现型课件 测试型课件	讲授、讨论
	规则、原理	视频讲授型课件 动画讲授型课件 过程模拟型课件	示范、模拟、协作学习
	认知策略	视频讲授型课件 对话型课件 游戏型课件 过程模拟型课件	学习强化、协作学习

3. 资源运行环境分析

网络教学环境是网络课程赖以运行的基础，包括两部分：课程管理系统和课程辅助系统。课程管理系统要实现的功能有学员注册、选课、授权、学习过程跟踪记录、智能导航等。这些功能更多的是在网络教学平台设计时要考虑的，但为了提高课程的可共享性、可重用性，现在把平台要完成的部分功能由网络课程来完成，比如网络课程的元数据表示、课程编列等。课程辅助系统要实现的功能有在线测试、在线交流、答疑、作业提交等。

4. 前期调研

除上述进行学习者分析、内容分析、运行环境分析之外，还需要多方调研，了解国际、国内是否有相同或相近的研究项目，以便从其经验教训中得到启示。如果有其他项目已经开发了高质量的网络课程，可以进行资源共享，而避免重复建设。

（三）设计

网络课程的设计是整个开发过程中的核心环节，设计环节的质量直接决定开发的网络课程的质量。网络课程的设计可从以下四个部分入手，如表 7－3 所示。

表 7－3　网络课程设计内容一览表

总体设计与原型实现	内容组织	内容分析：分解成章、节、知识点
		表现形式：教学内容、练习题、测试题、参考的教学资源
		其他事项：课时安排、学习进度、学习方法说明等
	内容表现	界面设计：色彩、构图、演示
		媒体设计：文字、图片、动画、音频、视频、特效
	内容导航	目录树、索引、帮助、导航条、书签、历史记录等
	学习策略	协作式策略、竞争式策略、探索式策略、基于学习者模型的策略、导学策略
	学习评价	评价类型：形成性评价、总结性评价
		评价形式：单选题、多选题、连线题等
	设计原型	原型实现、对原型评价、修改
详细设计与脚本编写	流程设计	章、节、知识点依次进行
	脚本设计	文字脚本：描述屏幕布局
		制作脚本：描述要实现的特效
教学环境设计	课程管理系统	注册、选课、授权、学习过程跟踪记录、智能导航
	课程辅助系统	在线测试、在线交流、答疑、作业提交
教学活动设计	在线交流、分组讨论、布置作业、作业讲评、视频讲座、探索性活动等	

1. 总体设计

总体设计要从以下几个方面来考虑。

(1)内容组织：把课程内容分为章、节、教学素材，即知识点。把教学素材聚合成学习对象，再形成节，每一节中必须包括学习目标、教学内容、练习题、测试题(每一章)、参考的教学资源、课时安排、学习进度和学习方法说明等，再由节形成章。

(2)内容表现：根据不同的教学内容和学习者特征，采用合适的色彩、构图；根据不同知识点的特点，为了使学生更容易接受，按照戴尔“经验之塔”规律，分别采用文字、图片、动画、音频、视频、其他特效(如淡入淡出、光栅效果)来进行知识表现。

(3)内容导航：网络课程信息量大，信息和信息之间的关系复杂，更多采用超媒体的组织形式，但课程规模比较大时，就会形成一个巨大的知识网络，学习者可能找不到学习的重点。因此，采用方便且功能强大的导航系统是必需的，具体形式可采用目录树、索引、帮助、导航条、书签、历史记录等。

(4)学习策略设计：网络课程必须以实现学习者的学为中心，提高学习者的创新能力和自主学习能力。在这方面，根据不同的学习目标采用恰当的学习策略将会取得很好的效果，这些策略包括协作式策略、竞争式策略、探索式策略、基于学习者模型的策略、导学策略等。

(5)学习评价设计：在网络课程开始之前最好测试一下学习者是否具有应具备的先决知识，学习后进行形成性评价，来检测学习者是否已经达到预先设计的学习目标，章节结束后进行总结性评语。评价题目的类型，鉴于网络的特点，采用单选题、多选题、连线题更为合适。

(6)原型实现：在完成上述设计后，需要完成一个原型，比如，先实现某一章或节的课程设计和开发，供专家评价，也为以后更为详尽的设计和开发提供基础和样例。

2. 详细设计

总体设计决定了网络课程的框架结构，详细设计决定了每一个具体知识点的实现方式，接下来的工作就是把详细设计的成果以脚本的形式固定下来，为后续的开发工作提供依据，并作为学科教师、教学设计人员、程序开发人员、美工设计人员、摄像师、音响师等各个工种开展协作的基础。

(1)流程设计：在大体的内容结构和功能模块确定之后，教学设计便进入具体的脚本编写过程。具体脚本应该以知识点为基本单元，在设计时应尽量发挥网络课程的独特优势，综合运用多种媒体立体地、全方位地诠释相关的知识点，避免大量文本的堆砌。

选择合适的素材表现教学内容。常见的素材有文字、图片、声音、动画、视频等。选择的素材必须符合教学内容需要，使用贴切，表现力强。

决定素材出现的次序和方式。根据教学内容需要，素材出现的次序和方式也需要考虑。例如，对某一知识点，文字素材和图片混合出现在同一个页面上；而在另外一种情况下则可能只出现文字，图片由学生自己选择观看。

(2)编写课件脚本：在教学设计人员的协助下，让有兴趣的教师尝试编写脚本，在此基础上与编写课件脚本的学科专家沟通和交流，达成一致意见以后，把设计的脚本固定下来。

表 7—4　脚本范例

资源名称			适用年级		学科	
知识点路径						
脚本教师	姓名		所在学校			
	联系电话		E-mail			
场景名称	场景一		场景三			
	场景二		场景四			
特别说明	请在此写出对课件整体风格以及需要特别强调的要求					
场景序号	场景描述		功能按钮跳转		参照素材	备注
场景一						
场景二						
场景三						
场景四						

(四)开发

网络课程开发的任务就是将前期规划的方案付诸实施，对课程内容中的知识点逐一进行诠释，并将设计的功能模块逐一实现。

1. 制订合理进度计划

小组成员通过协商对项目的工作量作认真评估，并在此基础上制订合理的进度计划。计划应留有余地，留下一定的机动时间以应对特殊情况，因为在开发过程中，诸如开发人员变动、设计规划更改、遇到技术难题等情况是不可能完全避免的。

2. 整合素材，制作网络课程

实现所设计的具体脚本，收集、整理、设计、开发相关的视频、音频、图形、文本等网络课程所需要的材料。按照详细设计的脚本，利用网络课程开发工具，把不同的媒体素材有机地整合到一起，即形成网络课程。

（五）测试与评价

网络课程开发结束后，必须按照学习需要分析结果、总体设计和详细设计的脚本对资源进行测试。测试通过后，把资源进行打包，导入网络教学平台。

1.资源集成测试

在这个阶段主要应进行的工作有内容审校、性能及兼容性测试、资料保存等。

（1）内容审校：衡量网络课程的质量，内容的正确性应该是第一位。原始材料经过多道加工和组织难免会出现差错和疏漏，因此需要比较仔细地审校。最好的方式是将最终文档输出打印，逐一校对。

（2）性能测试：网络性能测试应模拟学习者的实际网络环境，观察网络课程在不同地点、不同带宽条件下的传输速度。要保证在一般网络条件下，网络课程的传输速度能够为大部分学习者所接受。如果出现部分页面传输速度过慢的情况，则应该考虑对这些页面进行传输的优化，可采取的主要措施包括：适当减小图片文件；对表格进行优化处理；对视频和声音进行优化处理。

（3）兼容性测试：对于网络资源，除了考虑网络课程在网络上的传输速度之外，兼容性问题也值得认真对待。尤其是如果网络课程中含有的声音、视频、动画文件比较多，就要格外注意。

（4）病毒检验：在网络课程开发过程中，由于素材的来源比较复杂，最终的网络课程存在带病毒的可能。必须进行彻底的病毒检测，确保运行的稳定以及学习者的计算机安全。

（5）相关文档的编制：开发基本完成之后，编制比较完整的技术文档，这些文档主要包括安装说明、用户使用帮助等。例如，在网络课程中使用了某种特殊格式的视频文件，用户需要安装某种插件才能观看，因此，开发者应在用户使用说明中具体指出。

(6)资料保存:网络课程的开发并不是进行一次开发,全部工作就结束了。根据课程内容、学习要求的变化和运行环境的变化,课程可能在相当长的一段时间存在修改、升级的需求。因而,所有在网络课程开发过程中使用过的原始素材、中间文件、源程序、中间程序都应该妥善保存,这样才能方便地进行修改或升级。

2. 网络课程发布

为了保证学习者在学习过程中网络课程呈现的自适应性,为了网络课程在不同教学支撑平台之间的共享,也为了能更快、更有效地导入教学支撑平台,需要对网络课程进行打包发布。

第二节　网络教学资源概述

一、网络教学资源的概念

网络教学资源是指基于网络的、为教育目的而专门设计的、能够应用于网络教学环境中,并起到辅助教学、学习和科研活动的各种资源。网络教学包括网络教育环境资源(硬件)、网络教学支持系统(软件)、网络教学资源(资源内容)、网络人力资源(管理者)。其中,网络教学资源是核心,其他资源是为网络教学资源的建立、传播和利用服务的。

网络教学资源是网络教学系统的重要组成部分,是网络教学系统中的信息体系,是实施网络教育的前提。

二、网络教学资源的类型

常见的网络教学资源包括:网络课件、网络教学资源库、专题学习网站、教育教学网站等。

(一)网络课件

课件是指对一个或几个知识点实施相对完整教学的辅助教学软件。

根据运行的平台划分，课件可分为网络课件和单机版课件。网络课件，是指能够在网络环境下传输，利用标准网络浏览器运行的课件。有些容量较小的单机版课件也可以通过网络共享下载和运行，所以，这些单机版课件有时也被泛称为网络课件。

网络课件在网络教学中的应用相当广泛，是一种重要的网络教学资源。网络课件的主要模块包括封面、目录、学习内容、学习评价、学习资源和学习帮助等部分。其特点为容量较小，网络传输速度快，便于资源共享；使用简单、方便，由于使用标准网络浏览器运行，所以客户端无需安装和维护；教学内容信息量大，表现形式多媒体化；实时交互性强，信息反馈快；高度模块化，灵活性强；教学功能较强，既可支持教又可支持学等。

（二）网络教学资源库

网络教学资源库是指由传播教学内容信息的基本单元（包括文本、图形、图像、音频、视频、动画等）和各类教学材料（包括网络课件、教学案例、试题试卷、网站地址、网络课程等）组成的，具有一定的组织结构和检索功能的网络数据库系统。

网络教学资源库一般由国家相关部门统一规划，专业生产厂商联合学校制作开发，并提供给学校，供其开展教学演示、课件制作、练习测试等教学活动。

（三）专题学习网站

专题学习网站是指在网络环境下，围绕某一专题向学习者提供大量的相关学习资源，让学习者通过网络协作学习工具，进行较为广泛深入的探究、发现学习活动的数字化学习系统。其具有以下特点。

第一，有网站的基本性能。

第二，供学生开展研究性协作学习的平台。

第三，以专题知识为导向的建设和应用项目。

第四，以培养学生的创新精神、实践能力，提高学生的信息素养为目标。

第五，师生广泛参与，资源建设与教学实验相结合。

(四)教育教学网站

教育教学网站的本质是以提供教育教学服务为主的网站,这是教育教学网站区别于商业网站、政府网站、综合网站、娱乐网站等其他类型网站的特征所在。教育教学网站的建设者可以是教育部门,也可以是师生个人、企业或其他机构。

教育教学网站所提供的教育服务包括:网上教学服务、教育信息资源服务、教育研究服务、教育管理服务、教育宣传与成果展示服务等。

三、主题网络教学资源平台的开发与利用

(一)网络教学资源开发的四个层次

一是素材类教育资源建设,主要分8大类:试题库、试卷素材、媒体素材、文献素材、课件素材、案例素材、常见问题素材和教育资源索引。

二是网络课程建设,它是按照学科知识体系及网络教学的要求,对各种教育资源的综合集成。

三是资源建设的评价,通过评价筛选优秀的教育资源。

四是教育资源管理系统的开发。

(二)主题网络教学资源网站平台的设计

1.主题资源的性质

内容上它是以主题知识为导向的建设和应用项目,可以将课标的模块专题或教材的单元或课作为主题(不同于知识点或完整的课程)。

形态上它是一个网站,具有网站的基本功能。

功能上它是一个供学生开展课程主题知识学习和开展研究性学习的平台,以培养学生的创新精神、实践能力,提高学生的信息素养为目标。

建设上它是师生共同参与,把资源建设与教学实验相结合的研究项目。

2.一般主题学习网站的结构

一般主题学习网站的结构至少应包括主题知识展示、主题资源库、网

上学习工具和网上自我评价四部分。

3. 主题学习网站的功能要求

(1)主题资源网站应具有为教师提供备课、教学支持、教学反思活动和为学习者提供基于资源的自主学习、情境探究、协作学习、研究性学习等在线学习功能,尽可能实现保存教师的教学活动过程、教学结果和学习者的学习过程、学习结果的功能。

(2)主题知识部分要具有能对主题知识定期更新的功能。

(3)主题资源库部分要具有资源增加、更新、删除等资源的基本维护功能,并至少具有目录检索、关键字检索的资源搜索功能。

(4)主题资源网站应提供良好的学习交流工具,让学习者可以按主题分组进行讨论、发问、回答等。

(5)主题学习评价部分对学生的自我评测能做出反馈。

(三)创建主题资源软件

1. 网页主题

制作网页首先需要确定网站的主题,接着搜集相关的文本图片及视频资料,然后选择网页制作工具软件进行设计制作。常用的网页制作工具有 Dreamweaver 等。Dreamweaver 是一个可视化网页设计和站点管理工具,由 Macromedia 公司开发,能够处理 Flash 和 Shock wave 等媒体格式,具有强大的代码调试功能,它提供布局视图,网页布局非常方便,可与 Flash、Firework 交互使用,可自己定义热键等。用户可利用 Dreamweaver 网页制作软件方便地打开 WebQuest 模版,设计一个 WebQuest 的教学网站。也可在下载模板直接添加内容。

2. WebQuest 教学软件设计

一般实施 WebQuest 教学需要经历这几个步骤。

(1)选择设计适当的问题,一般选择一些没有清晰答案的,甚至是有争议的问题。

(2)教师制作 WebQuest 学案并将其放在网页上进行发布。

(3)组织实施教学。

一般而言,一个 WebQuest 包括情景、任务、过程和步骤、结论、在线资源几部分。这里我们将每个部分独立为一个网页,因此本网站就包括5个页面:“index. html(情景)”“任务. html”“过程和步骤. html”“结论. html”“在线资源. html”。

(四)主题网络教学资源的利用

第一,把网站资源作为教师备课可借鉴的备课参考,开展信息化教学设计活动。

第二,把网站资源作为课程资源,经过选择,把它作为课程教学的素材资源,开展信息技术与课程整合活动。

第三,利用网站进行远程教学,作为协作教研的平台(教师专业发展平台)。

第四,将教学智慧成果转化为网站资源,将教学活动中开发、整理的教学资源进行上传,供其他学习者共享。

第五,把网站资源作为学习对象,供学生进行观察、评议、分析、讨论,开展情境探究的课程教学。

第六,把网站资源作为课程素材,经过选择,把它作为课程教学的素材资源,整合到学习者的课程学习中。

第七,利用网站进行研究性学习,作为协作学习的平台(虚拟学习社区)。

第八,通过创作把学习成果转化为网站资源,组织学生按主题进行创作,把课程学习内容转化为信息化的学习资源,存放在知识库内,供其他学习者共享。

(五)主题资源网站的应用方式

第一,基于课堂讲授的互动教学型模式。

第二,基于知识库个别化自主学习模式。

第三,基于资源库调用的研究性学习模式。

第四,基于 WebQuest 的主题探究学习模式。

第五，基于主题网站校际交流的远程协作学习模式。

第三节　网络教学工具资源

一、BBS

BBS是英文bulletin board service的缩写，翻译成中文为“布告板服务”，以前也有称“电子公告牌服务”或“布告栏服务”。BBS是一种电子信息服务系统，它向用户提供了一块公共电子白板，每个用户都可以在上面发布信息或提出看法。早期的BBS由教育机构或研究机构管理，现在多数网站上都建立了BBS系统，供网民通过网络来发布信息。目前国内的网站上开设BBS十分普遍。校园BBS主要是供教师和学生交流思想而建立的BBS，目前一般的高校网络中心都建立了校园BBS。

下面对BBS论坛在课堂中的应用方式做简单介绍。

新型教育方式要求课堂应该是“自主、合作、探究”，它呼唤与之相适应的新教学组织形式的诞生。课堂教学组织形式必须以人为本，构建气氛民主、便于交流的开放性课堂。这样的课堂教学组织形式，可以使每个学生真正置身其中，在与教师、与同学的交流中做到经验共享、学会合作和发现自我。为了更好地将BBS论坛应用于课堂，提高课堂的教学质量，一般可从以下几方面入手。

（一）设置课堂学习任务

教师在上课前可以事先登录到BBS论坛后台，发布关于本课堂学习任务的公告，同时将学习任务置顶，便于学生点击浏览，明确学习目标。而任务是否具有吸引力，将直接影响到学生的参与程度。首先，任务用词要准确，语言要清楚，学生能正确领悟教师设置任务的目的；其次，任务需要学生运用已学过的知识分析、判断和推理才能获得结论；再次，任务要具体，不可模棱两可，不应引起歧义；最后，任务应该具有实用性和趣味性。

（二）提供主题资源下载

教师在上课前可以准备、下载或制作与课堂有关的主题资源。主题资源不应该是一些素材的简单堆积，而应是有助于学生开展自主学习、探究学习和合作学习的有效资源。资源可以是文本、图形、图像、音频、视频、动画及其他应用类软件，将其通过发帖或超链接形式发布到BBS论坛中，方便学生下载、浏览和学习。这样，通过把教学内容的相关资源以不同的形式呈现在学生面前，让学生从多方面、多维度去感知教学内容，可以把抽象的教学内容变得具体化、形象化，从而提高教学效率。

（三）师生实时互动交流

学生登录到BBS系统后，参与相应的学习内容时，既可以发帖提出自己在学习中存在的疑问，也可以回帖帮助同学解决问题，学生也可以发布新的主题帖并进行讨论。教师需要发挥主导作用，统筹全局，通过发帖数和回帖数监控学生参与程度；同时对学生发布的新帖和回帖进行筛选，将具有建设性的、创造性的帖子设置为精华或置顶，以激发学生的学习积极性。

（四）在线作业与测试

学生可以使用BBS发帖中的文件上传功能，在线提交作业，这样不仅有利于保存学习成果，也便于教师批改和评价。另外，教师还可以将优秀作业发布在精华共享区，供其他学生浏览和下载，这有利于提高学生的自信心和成就感。为了巩固知识点、加深印象，教师可以利用在线测试功能，对学生进行在线考查，以检查学生对课堂内容掌握的牢固程度和准确度。

（五）成果展示与评价

学生不仅能完成教材要求的作业，还能创作出优秀的作品。学生将自己的作品上传到BBS论坛后，教师和学生可以对作品进行评价，教师应鼓励学生进行自评、小组内互评，评价方式和手段要具有多样性。对作品的观赏和评价，有助于提高学生的评价能力和创造能力。为鼓励学生创造出更多的优秀作品，教师可以对学生的作品进行点评，对优秀作品进行分值奖励，对特别优秀的作品可以给予论坛勋章和头衔奖励，以激发学生创作的积极性。

二、Wiki

Wiki一词源于夏威夷语“wee kee wee kee”(“快点快点”)，中文译为“维客”。Wiki是一个开放的系统，人们可以任意选择匿名或实名方式编辑或添加内容。Wiki系统是一种超文本系统，人们可以在Web的基础上对Wiki文本进行浏览、创建、更改，而且这种创建、更改及发布的代价远比HTML文本小；Wiki系统还支持那些面向社群的协作式写作，所以，Wiki的写作者自然构成了一个社群，Wiki系统为网络社群提供了简单的交流工具。与其他超文本系统相比，Wiki有使用简便且开放的优点，所以Wiki系统可以帮助人们在一个社群内共享某个领域的知识。

(一)Wiki的特点

1. 简易性

Wiki因为是用简单的格式标记来取代HTML的复杂格式标记的，所以对使用者而言可以说是听见即所得。通过简单标记，就可以关键字名来建立链接，其中包括内部页面、外部链接及图像等。比如，在中文维基百科(Wikipedia)的站点上，只需要用“＝＝标题＝＝”就可以表示章节的一级标题；用“[htpp://www. gntc. edu. cn 某大学]”就可以建立外部的超链接等。另外作为一个初次参与的人，还可以到沙箱(sand box)页面进行测试和学习。沙箱页面与普通页面是一样的，只不过可以在里面任意涂鸦和随意测试。

2. 开放性

Wiki社群里的每一个成员都可以创建、修改、删除页面。任何人都可以编辑页面，这就导致了Wiki的相对不安全性，但同时Wiki又具有一套相对比较完善的保护机制，如页面锁定和版本对比，一些主要页面可以用锁定技术将内容锁定，外人就不可再编辑了。同时对每个页面都有更新记录，即保留网页每一次更动的版本。即使参与者将整个页面删掉，管理者也会很方便地从记录中恢复最正确的页面版本。

3. 协作性

正因Wiki中每个成员都可以修改、维护页面，所以这就要求每个成员具有合作的精神，同时为了保证记录更新的有效性，也需要成员具有较高的道德精神，这恰恰满足了21世纪对新型人才的需求，即能合作共事并具有高尚的道德精神。成员之间强调协作，这样就能针对某一个主题进行扩展和共创。于是Wiki的知识是社群集体劳动的成果，成员们在浏览、完善页面的同时实现知识的增长和共享。

4. 结构化和组织性

与博客(Blog)比较，Wiki更注重内容的结构化和组织性，系统内多个内容重复的页面可以实现汇聚，并改变相应的链接结构。因博客更关注个人思想的交流，所以其承载的信息相对于Wiki来说只能是非结构化的，其主旨也是很松散的。而Wiki具有较强的协作性，且主题鲜明，故当多人对其进行维护时就能围绕着这一主题进行拓展和完善，进而构成系统的知识结构体系或者知识库。

（二）Wiki在构建新型课堂中的作用

1. Wiki为新课程教学提供丰富的课程资源

目前，学校各类数字化教学资源相对独立封闭，缺乏系统性，不适合直接用于教学。而Wiki给教育提供了知识增长的分享平台，只要能够充分发挥Wiki群体参与和更新迅速的优势，让学校一届届的学生参与建设和学习，就能够有效地建立起内容丰富、准确且呈动态增长的教育资源库。

2. Wiki满足教育对知识更新的需求

中学生已具备基本的信息技术技能，实践证明他们很容易掌握低技术门槛的 Wiki 网站使用技巧；同时 Wiki 适合建立个人知识储备体系，用户只要登录平台，就可以查阅自己创建或修改过的词条，通过网站检索系统或相关类别，可以轻松查阅其他用户创建的词条，找到自己想要的词条，这种以知识仓库为特征的 Wiki 动态资源库提供了相互学习的环境。对于学生而言，Wiki 是学习和知识管理的工具；对于教师而言，Wiki 是更新知识、实施网络备课的新型平台。可以通过 Wiki 平台建立师生和生生知识互动通道，只要教师进行有效组织引导，Wiki 就会显现强大的生命力。

（三）Wiki 构建新型课堂环境的模式

可借助 Wiki 网站的创建、修改、版本对比及评论等多方面功能，进行学科应用实践，逐步摸索出构建课堂环境的三种基本应用模式：学科词典应用模式、协作学习应用模式和写作训练应用模式。

1. Wiki 学科词典应用模式

Wiki 首先是以网络百科知识词典的形式出现在网络社会的，知识的检索、浏览和创建是其最基本的功能，也是最主要的功能。

建库过程中，教师可以组织学生利用互联网收集与本知识点相关的词条存于 Wiki 对应分类中，散落在互联网上的各类有效知识收集入库后，使用时可以利用入库时所设的关键词或分类进行检索，减少网上查找时间。同时由于 Wiki 共建共享的特点，师生在使用 Wiki 资源库词条内容时，可以随时修改补充。随着时间的推移，一届又一届的师生重复使用 Wiki 资源库，Wiki 资源库所存储的知识词条会越来越丰富、完整、准确、方便。

2. Wiki 协作学习应用模式

Wiki 具有很好的交互性、开放性和共享性，是一个优秀的协作共创平台。Wiki 技术所具有的快速撰写、版本控制、协作性强和多元评价的特点非常切合协作学习对支持平台的要求。

利用 Wiki 网站进行学习时，学习者一方面可以很方便地发布自己的观点,解决办法和作品;另一方面可以学习小组内其他同学发布的内容,并且对这些内容进行修改、评价,在评和写的过程中进行深入的协作和交流。

Wiki还可以调动具有不同个性、能力及自信心学生的积极性,从而优化学生的学习方式,促进教师的教学方式转变,有效培养学生的创新精神和研究学习能力。

3. Wiki语文、英语学科写作训练应用模式

Wiki平台是一种面向社群的协作式写作超文本系统,使用者可以在Web的基础上对Wiki文本进行浏览、创建和编辑,将其应用于写作训练也是水到渠成的事情。借助Wiki平台,学生可以利用创建词条进行写作训练,也可以修改或扩写,形成新的版本,利用网站版本对比功能,可以在比较中提升写作的能力。此外,可以建立写作素材库、范文库,同一类的作品通过分类或关键词归纳在一起,以便系统地学习实践。

用Wiki平台进行写作体现出五大优势:一是有助于增加学生的阅读量和知识面;二是有助于学生发挥创新能力和积累生活经验;三是有助于改变单一的批阅方式,实现师生互动;四是有助于调动学生写作的兴趣和积极性;五是有助于师生共享智慧、分享过程。

三、微博

(一)微博简介

微博即微型博客或者"一句话博客",美国人埃文·威廉斯在2006年创立了Twitter网站。"Twitter"的英文原意为小鸟的叽叽喳喳声,引申为每个人的表达欲和分享欲。其核心是用简短、随意,不超过140个字符的话告诉世人您在做什么。用户可以随意表达自己的所思所想,或者传递最新消息。当其他用户"关注"您时,您的每句唠叨、碎碎念都会被他们及时看到。在中国,各种类型的微博网站正在兴起,如新浪微博等。它可以将您看到的、听到的、想到的事情写成一句话,或发一张图片,通过手机

短信、微信、QQ、E-mail、Web、WAP 等随时随地分享给您想分享的对象。关注您的人可以第一时间看到您发布的信息,随时和您一起分享、讨论。它能很好地满足用户社会性、协作性和个性化的要求,使整个网络变成一个可写、可交互的平台。

(二)微博在教学中的应用

网络可以为学习者提供丰富的资源,通过组建微博课堂,可以克服传统教学中讨论问题经常受到时间、地点、学生心理因素等的限制,使讨论进行得不深入、不彻底的问题。借助网络的时空分离特征,学习者之间,以及学习者与教师之间的交互比传统教学要强很多。

1. 激发学习兴趣,活跃课堂气氛

组建师生微博团队。师生微博团队是一个由教师和学生共同组成的活动虚拟空间。教师在其中扮演着师长的角色,同时也扮演着团员的角色。作为师长,教师的活动主要是在微博中发布与教学相关的通知,设定讨论主题,对学生提出的疑问进行及时解答等。学生通过添加关注成为团队中的成员,参加活动。

首先是组建团队。担当某门课程的老师,可以就这门课程组建一个团队。在这个团队中,教师在微博中自由提问、表达,包括对感情的抒发、思想的表达、教学的反思、经验的交流、讨论主题的阐述等。学生可以提出问题,团内成员都可以发表意见,大家可以及时发表自己的看法、提出解决问题的方案等。

其次是学生管理员。老师可以指定班级中某一位或者几位同学担当管理员。学生管理员的任务主要是将版务微博纳入自己的关注对象,自动接收所有版务信息,根据教师的要求整理版务微博的信息,并且把自己微博帖子的地址链接发布在微博上,以方便其他学生团员链接。

最后是学生团员。班级中的所有学生作为这个团体中的团员,其主要任务是将版务微博纳入自己的关注对象,将自己最感兴趣、最关注的团长的微博纳入自己的关注对象,自动接收这些团长最新开团情况并发表

自己对相关问题的评论。

2. 转化教学方法、激发学习热情

首先，教师要克服学生怕出错和怕羞的心理，利用微博，学生就可以不用在众多同学面前发言，就敢想敢说。

其次，如今每个大学生都有一部手机，而且通过一定的设置都可以上网，并且学生很喜欢玩手机，他们发短信的速度比写字的速度还快，利用手机上网不会给他们造成什么不便。

最后，同学们都可以通过屏幕关注当前其他同学的发言情况，并随时补充、提问等。这样在课堂上，利用微博，让手机和计算机充分结合，全班的学生能够参与该课程的学习讨论中，使整个课堂讨论充满生机。

如果有其他对该门课程感兴趣的人士加入其中的话，那么参与微博讨论可以让每个学生有机会接触到其他相关领域最优秀的人（因为他们也是网络虚拟学习社群圈的一员），通过参与回复、讨论，可以体验他们的思想，与他们建立广泛的社会关系。这样不但能够分享到他们已有的研究成果，而且能够分享到他们的经验、思想和体验，这些体验、经验的获得将使学生的学习兴趣和知识结构实现跨越式的提升和发展。

四、QQ 群

（一）QQ 群简介

QQ 群是一种多人交流的方式，群主在创建群以后，可以邀请朋友中有共同兴趣爱好的人到一个群里面聊天。在群内除了聊天外，还能够享受群空间服务，在群空间中，用户可以用群 BBS（网络上通指电子公告板）、相册、共享文件等多种方式进行相互学习。借用网络，教师可以更快捷地传播教学信息，学生用起来很方便，积极性也更高。

（二）QQ 群在教学中的应用

1. QQ 群在集体备课中的应用

老师 QQ 群的创建，给老师们提供了一个交流平台，大家在群里畅所欲言，促进了同事间的情感交流，增进了彼此的理解与信任。老师们筹划的资料也就可以从群里直接挂到共享文件里面，老师之间资源、信息的共享，方便了大家的阅读交流。

应用 QQ 群进行的集体备课一定立足在老师个人备课的基础上，以教学研究课题组为单位，发挥集体备课 QQ 群的作用，每两周进行 1 次网络式的集体备课活动。主备老师要在充分分析课程标准和教材的前提下，让老师集体商讨教学方法，共同分析教学中应注意的难题，并且要兼顾学生的基础和实际情况，确定教学方针，提升班级课程授教效率。

2. QQ 群组织各种形式的网上教学活动

老师可经过 QQ 群组织各种形式的网上教学活动，形成一种共同研究的学习气氛，带领学生在虚拟的网络环境下经过激烈的对话和争论获取所需知识。在这样一种轻松愉悦的环境下，学生可以向老师大胆提出自身在学习方面的疑问、见解及建议，也可以针对讨论主题发表自身的意见、看法。

3. 可以实现一对一的教学辅导

学生的个体差别使他们在整个学习过程中会遇到不一样的难题，通过 QQ 群，老师可以单独点击某个学生的对话框，实现对学生的单独辅导，有什么难题，不用跑来跑去，直接可以在网上处理，更方便、更快捷。群空间为老师上传部分教学资源提供了条件，老师可以将对学生有辅导作用的例文、练习题、期末复习题等上传到群共享，以便学生浏览、下载，在群内实现课程资源的共享，从而满足学生自觉地认真学习的需要。

第八章　计算机辅助教学应用实践

第一节　计算机辅助教学下的师生角色定位

计算机辅助教学的普及使我国传统的“以教师为中心”的教学模式受到了挑战，并对教师和学生的角色提出了更高的要求。

一、计算机辅助教学下教师角色

随着以信息技术为平台的“以学为主”的支架式、抛锚式、启发式等教学策略的广泛应用，表面上看，教师仍然是知识的传播者，但已由传统教学中的“填灌机”变成了会用教学设计方法去分析学生、设计教学模式、实施教学策略的教学系统设计专家。因此，教师角色的本质并未发生改变，只是被赋予了很多不同的含义。

（一）教师是教学资源的设计者与加工者

随着数字化学习资源在教学中的广泛应用，教师要兼具教学信息的制作者、加工者和处理者的角色。也就是说教师既要能在大量的信息资源中选用所需的教学信息，并进行加工、处理与组织，还要能根据教学信息制作出教学软（课）件。同时，在设计、制作教学软（课）件时，还要能够把启发式原则贯穿于软（课）件设计的全过程，突出对学生创新意识和创新能力的培养。

信息技术手段的优势，是实现视与听相结合、具体与抽象相结合、动与静相结合的良好形式，能够将教学信息形象地呈现给学生，有助于学生融入教学情境并从中发现问题、探究问题、解决问题。因此，在此角色支配下的教师必须明白：运用信息技术手段是为教学服务的，它是便于师生共同融入教学情境的工具。所以说，不能把课堂当作放映室，更不能把现代教育技术当作简单的工具。

（二）教师是学习行为的引导者、辅导者和指导者

随着信息技术的发展和传播媒介的多样化，学生可以通过 Internet、电子图书馆等轻松获取大量信息资源。作为引导者，教师需要过滤网络中各种各样的信息，去伪存真，去其糟粕，取其精华。从这个角度来说，教师要帮助学生制定适当的学习目标，并帮助学生找到实现目标的最好策略；作为辅导者，教师要帮助学生掌握获取学习信息的手段，帮助学生快速地找到需要的信息；在生活中，教师仍应该是学生的朋友和榜样，教师要通过高尚的师德培养学生成为道德高尚、人格健全、心理健康的人，做学生学习和生活的指导者。

（三）教师是教学过程的组织者与指导者

传统教学结构中，教师是知识的传授者，是主动的施教者，对整个教学活动有绝对控制权，而学生则是知识传授对象，是外部刺激的被动接受者。在计算机辅助教学环境下，多媒体计算机等教学设备的介入，使原本的“教师—学生”的单一关系变成了“教师—传播媒介—学生”的新型师生关系，教学工作中心也由教师的“教”为主转变成以学生的“学”为主，教师也不再处于绝对的控制地位。因此，计算机辅助教学环境下的教师是教学过程的组织者与指导者。

（四）教师是课程的设计者与开发者

教育信息化时代，是知识高度分化、高度综合的时代，也是知识更新迅速、频繁的时代。教师要从课程的被动执行者的角色中走出来，担当起课程的设计、开发者的角色。这种角色具体表现为教材的选择与编写、教学内容的及时更新与补充、教学软件的设计与开发、师资力量的配比、学生主体地位的体现方式等几个方面。

（五）教师是学习环境与教学过程的设计者

以信息技术为平台的教学过程，是一个动态过程，教师、学生、教学内

容、教学媒体四个要素必须互动,强调“自主、互动、创新”的教学模式。教师要能根据教学目标、教学资源等条件,设计适合的学习环境,根据教学策略,设计并执行教学过程,并能构建出和谐民主的课堂气氛,使学生产生满意、愉快的学习感受,化解掉不和谐因素。所以,师生间的情感交流和互动是良好教学质量的前提,其教育价值是不可替代的。

(六)教师应该是新教学模式的实践者与开创者

信息技术的教学环境中,教师应是新教学模式的实践者、开路先锋,要既注重发挥自身的主导作用又要充分体现学生的主体作用。这要求教师必须吸取传统教学模式精华,开创非静态的教学模式,开创立体的、多层次的、多功能的、动态的教学模式,并构建以教学活动、科学实验、社会实践为主要内容的“立体培养模式”,把“单一学习”过程变为“综合实践”的过程,从而培养学生主动学习、不断求新和勇于创新的能力。

(七)教师应该是终身学习的倡导者与坚持者

信息技术应用过程模式是相对复杂的,对教师提出的挑战是巨大的,教师必须通过终身学习来接受挑战。因此,教师还要不断研究现代教育技术环境下学生学习的特点,研究课堂教学模式、教学方法的改革等,要努力使自己成为教育专家,成为致力于追求终身学习的倡导者和坚持者。

(八)教师是学生学习过程中的合作者与欣赏者

在计算机辅助教学环境下,往往需要采用多种自主学习或者合作学习的学习模式,这就要求教师能平等地参与学生的学习活动,才能真正地帮助学习者,才能在合作中及时、全面地了解学生的优点与缺点,发现学生的闪光点,才能客观、公正、全面地给予学生学习评价;教师还要善于与家长建立长期的合作关系,及时了解学生的行为变化所隐藏的心理变化,才能正确引导学生,建立和谐的师生关系。

(九)教师是良好师生互动关系的创造者

良好的师生互动关系是实现学习效果提高的重要因素。因此,教师要主动构建便于与学生沟通的,民主、和谐的师生关系,能本着与学生相互学习共同提高的宗旨，重视学生的发展，加强与学生之间的沟通，增进师生情感交融。教师应该是信息化教学环境中新型师生关系的营造者。在课下的关系中，教师首先要爱学生，扮演好亦父亦母、亦兄亦长的角色，善待每一个学生，做学生喜欢的教师，让师生双方共同获得愉快的情感体验。

（十）教师要成为教育教学的研究者

计算机辅助教学过程中，教学信息的流通不再是一个从教师到学生的单向流动过程，而是一个师生之间能够实现信息互动的双向反馈过程。因此，教师必须成为教学信息及资源的研究者，要善于对各种来源的信息进行研究、比较、过滤、精选、整合，然后再将其提供给学生，确保教学的高效和优质。

二、计算机辅助教学下学生角色

学生是学习任务的个体，是学校教育的对象，是有不同发展需要的素质不同的个体，具有主观能动性。

（一）学生是学习过程的自我调节者

学习过程是一个长期过程，需要学习者有勤奋刻苦的精神，能够不断地实现自我激励和自我调节，这是保持学习有效性的必要条件。因此，学生要善于不断地自我激励，保持学习动机，促使自己主动地学习，获得美好的学习体验。

（二）学生应该是学习行为的主动者

传统教学模式中，学生通常是接受知识灌输的被动对象，信息技术为学生在学习中发挥自主性、主体性提供了必要的信息技术环境和条件。学生要成为信息加工的主体，成为知识意义的主动建构者。学生要想提高学习效率，必须发挥自身的主体作用，做提高智力因素和非智力因素的促进者。

（三）学生是学习过程的合作者

教学过程是师生交往、共同发展的合作过程。这种合作主要是指在一定社会背景和具体情境下,人与人之间发生的各种形式、各种性质、各种程度的相互作用和影响。这种合作体现在以下几个方面。

1. 学生是课堂教学行为中师生互动的促进者

课堂教学中的师生合作,就是指在课堂教学这一时空内,师生之间发生的一切合作作用和影响,它既指师生间合作作用和相互影响的方式和过程,也指师生间通过信息交换和行为交换所导致的相互间心理上、行为上的改变。

2. 学生是学习方式的参与者

随着信息技术的发展,不断涌现出多种信息化的学习方式,这要求学生要紧跟时代需求,具备基本的信息素养,掌握基本信息技术,更好地与教师合作,提高课堂教学效果。这种合作主要表现为信息资源的快速获取、信息资源的分析与整理、基于信息技术制定解决问题的策略、基于信息技术实现自我评价教学效果等。

3. 学生是教师情感表达的共鸣者

师生关系是学校教育过程中最基本、最重要的关系,具有强烈的情感特点,这种情感特点能够渗透学生的学习过程,对学生的学习动机产生较大的影响。研究表明,教师情感的外在表现,需要学生同等情感的回馈,才能使教师的情感有表达的出口,更能激发教师的激情。建立良好师生关系在很大程度上影响着学生学习的积极主动性,和谐的师生关系是学生提高学习兴趣的前提。

(四)学生是自我绩效的客观评价者与反馈者

自我评价是自己建立的对学习策略、学习计划、学习方法调整完善的评判标准,是把握学习进度的基本依据。在阶段性的学习中,通过自我评价反馈,及时查漏补缺并调整学习的起点和路径,也是信息技术环境要求学生应具备的能力之一。这一过程中教师获取反馈信息需要完成以下几个方面的工作。

(1)教师根据学生反馈的情况给予不同强度的肯定或否定,使得学生对信息的接受理解得到强化,从而巩固掌握的知识。

(2)教师根据学生对教育信息的理解程度进一步调整,继续传送教育信息的深浅程度与快慢程度,或者改变所用教学媒体与教学方法,使其更适合大多数学生的接受水平。

第二节　计算机辅助教学下的学科应用

一、计算机辅助英语教学应用

在英语教学中,利用计算机辅助教学,不仅能给英语课堂教学改革注入新鲜的血液,为改变传统的注重认知、灌输、封闭的英语课堂教学模式提供新思路,还能为建立在课堂上培养学生听、说、读、写四种能力并举的教学模式奠定基础。然而,如果过多过滥运用多媒体教学,就会喧宾夺主,违背了多媒体辅助教学的宗旨,使学生在课堂上走马观花不能真正实现教学效果。因此,应学会恰当地把握计算机辅助教学在英语教学的应用。

(一)英语课件的设计和制作

1.理智的选材,注意多媒体运用的频度

目前英语教材以单元为单位,每单元设有对话课、阅读课、语法课以及听力和写作课,所谓因地制宜,这就要求教师根据课程理智的选材,理智的选择多媒体的手段。有些教师为了体现教学手段的现代化,在一堂课中尽可能多地使用计算机多媒体。甚至误认为,多媒体用得越多,学生参与率就越高,所教授的语言材料越易于让学生掌握,效率就越高。表面上看,学生的兴趣很浓;事实上,学生过多注意的是教师的表演和课件里的花絮,教学信息在传递过程中的干扰过大,导致学生在有限的课堂上缺少语言训练的时机。

2. 课件风格和教学风格的一致性

多媒体辅助教学的运用,使教师的教学风格得到前所未有的展示。教师按照自己设计的逻辑进程,选用最适合自己的教法,有效地组织教学。

多媒体辅助教学的关键在于课件。离开课件,再好的硬件设施也只能成为摆设的花瓶。因而课件必须充分展现教师的教学风格。在教学过程中,教师往往形成了自身固有的、为学生所适应的教学风格。所以在设计课件脚本的过程中,教师应亲自创作,自然地把自身的风格融入课件中,既体现自己的教育思想,又让学生易于接受。

(二)重视教师的主导作用和学生的主体性

1. 在多媒体辅助教学的过程中,教师仍应发挥其主导作用

英语是一门实践性很强的语言学科,必须通过师生之间、学生与学生之间大量的用英语进行的交流,才能培养学生英语交际能力。多媒体辅助教学虽有不少的优点,但在英语课堂上,教师所具有的很多作用是计算机的功能所不可取代的。如一味地追求多媒体教学课件在课堂上的展示,那么就会把本应由教师讲述的内容变为多媒体演示;把学生和教师、学生和学生之间亲切的口头交流变成冷冰冰的人机对话。计算机多媒体不可能完全替代教师在课堂上的教学活动。在教学中,教师应使学生明确听或看的目的,使他们有心理准备,调节他们的注意力,并注意及时的反馈矫正,以恰到好处地发挥教师自身的主导作用和多媒体的辅助作用。

2. 发挥学生的主体性

在教育过程中,以学生为中心,充分发挥学生的主体性已成为广大教师所认同的教育理念。计算机多媒体辅助教学系统的使用,为我们创造这些条件提供了极大的便利。用多媒体可以展示教材中的语篇或对话材料,把文中情景和有声语言展示给学生,但它无法取代学生在教师创设的情景中用英语进行的交际操练,更无法取代学生的思维训练。因此,在制

作和使用课件时，应当以促进学生动脑动口、积极参与为着眼点；切不可为了追求在课堂上多一点现代化教学的气息，而不加选择地使用过多的多媒体课件。

教师在制作课件时，应充分体现学生的主动性和创造性。应多为学生创造思考的空间。在使用多媒体辅助教学系统时，要善于通过多媒体教学系统引导学生思考、讨论、回答问题，而不是限制学生的思维，被动地跟着教师走。

（三）注重各类媒体的综合应用

在英语课堂教学，计算机多媒体辅助教学手段中所起的作用是许多传统的教学媒体不可替代的。但这并不等于说，计算机多媒体可替代其他一切教学媒体。只有结合使用，才能取长补短，发挥最大的教学效益。计算机多媒体固然有其他媒体所无法比拟的优越性，但其他媒体和教学手段的许多特色功能是它无法完全取代的，如实物、简笔画等在课堂教学中的功能不可忽视。所以，不应一味赶潮流，而应根据教学需要选择合适的媒体和手段，合理地使用多媒体与常规媒体和手段，发挥其各自的长处。根据学生实际、教学内容实际，恰当地选用媒体形式。

总的来说，在英语课堂教学中，教师应合理适时地使用计算机多媒体教学系统，创设学习英语的情境，解决英语教学的视听等有关教学问题，使学生通过视听感知英语语言素材，发展视听能力；同时充分发挥教师的主导作用，发挥学生的主体性和创造性，从而引导学生进行量多而质优的听、说、读、写综合训练，使学生在有限的课堂上获得英语基础知识的同时，语言基本技能得到训练，直接用英语思考和表达的能力得到培养，并为实现用英语进行交际打下坚实的基础。在以后的工作中，多动脑筋发掘计算机更多的用处，为现代英语教学带去更多的服务。

二、计算机辅助数学教学应用

在计算机辅助数学教学中，几何画板发挥着重要作用。几何画板是一种现代化、信息化软件，其操作简单，且具有一定的互动性，能实现建模，非常适用于现代数学教学，属于一种多媒体工具，可实现对几何图形进行反射、平移、旋转等操作，在软件上都有对应的功能与菜单按钮，教师应用起来非常便捷。因此，要学会合理使用几何画板，实现教学的时效性。

（一）几何画板在代数教学中的应用

“函数”是数学中最基本、最重要的概念，它的思维方法渗透在数学的各章节中；同时，函数又是以动态的观点去刻画数形关系，正如华罗庚所说：“数缺形时少直观，形缺数时难入微。”（如研究函数的单调性、讨论方程或不等式的解的情况、比较指数函数和对数函数图像之间的关系等）为了解决数形结合的问题，应用几何画板快速直观地显示及变化功能大大提高课堂效率，进而起到事半功倍的效果，在教学中教师应分步骤分层次来引导学生利用《几何画板》来完成函数的图像。①按定义做出函数的图像。②完善所作的图像（并验证在定义域内函数图像的正确性）。③由图像归纳出函数的性质。④验证、分析在定义域的临界点附近的函数状态。⑤从已做出的图像中能否挖掘出新的知识点，或进一步理解数学的内涵。《几何画板》在高中代数的其他方面也有很多用途。例如，讲解数列的极限的概念时，做出数列 an＝10－n 的图形（即做出一个由离散点组成的函数图像），观察曲线的变化趋势，并利用《几何画板》的制表功能以“项数、这一项的值、这一项与 0 的绝对值”列表，帮助学生直观地理解这一较难的概念。

（二）几何画板在立体几何教学中的应用

立体几何是在学生已有的平面图形知识的基础上讨论空间图形的性质；它所用的研究方法是以公理为基础，直接依据图形的点、线、面的关系来研究图形的性质。从平面图形到空间图形，从平面观念过渡到立体观念，无疑是认识上的一次飞跃。初学立体几何时，大多数学生不具备丰富的空间想象能力及较强的平面与空间图形转化能力，主要原因在于他们是依靠对二维平面图形的直观来感知和想象三维空间图形的，而二维平面图形不可能成为三维空间图形的真实写照，平面上绘出的立体图形受其视角的影响，难于综观全局，其空间形式具有很大的抽象性。如两条互相垂直的直线不一定画成交角为直角的两条直线；正方体的各面不能都画成正方形等。这样一来，学生不得不根据歪曲真相的图形去想象真实情况，这便给学生认识立体几何图形增加了困难。而应用《几何画板》让图形“动”起来，就可以使图形中各元素之间的位置关系和度量关系惟妙惟肖，使学生从各个不同的角度去观察图形。如在讲平行六面体时，当拖动点 A′时，点 AA′与底面垂直时的形状，当拖动点 C 时，BC 垂直 AB 时的形状。这样，不仅可以帮助学生理解和接受立体几何知识，还可以让学生的想象力和创造力得到充分发挥。

图形的直观的变动有利于帮助学生建立空间观念和空间想象力。直观美丽的画面在学生学得知识的同时，给人以美的感受，能够创建一个轻松、乐学的氛围。

（三）几何画板在平面解析几何教学中的应用

平面解析几何是用代数方法来研究几何问题的一门数学学科，它的基本思想和基本方法是：根据已知条件，选择适当的坐标系，借助形和数的对应关系，求出表示平面曲线的方程，把形的问题转化为数来研究；再通过方程，研究平面曲线的性质，把数的研究转化为形来讨论。而曲线中各几何量受各种因素的影响而变化，导致点、线按不同的方式作运动，曲线和方程的对应关系比较抽象，学生不易理解。因此，展示几何图形变形与运动的整体过程在解析几何教学中是非常重要的。这样，几何画板又以其极强的运算功能和图形图像功能在解析几何的教与学中大显身手。如它能做出各种形式的方程（普通方程、参数方程、极坐标方程）的曲线；能对动态的对象进行“追踪”，并显示该对象的“轨迹”；能通过拖动某一对象（如点、线）观察整个图形的变化来研究两个或两个以上曲线的位置关系。

综上所述，使用《几何画板》进行数学教学，通过具体的感性的信息呈现，能给学生留下更为深刻的印象，使学生不是把数学作为单纯的知识去理解它，而是能够更有实感地去把握它。这样，既能激发学生的情感，培养学生的学习兴趣，又能大大提高课堂效率。关于几何画板在数学教学中的应用还有很多，需要在实际教学工作中不断探索。

三、计算机辅助体育教学应用

现代体育教学不再只是练习简单的或较难的几个动作，而是对艺术形式和美的表现有更高的要求和讲究，因此，现代体育教学已成为一门综合素质要求较高的学科。多媒体辅助教学模式的采用必将对我国体育教育事业的发展产生前所未有的影响。为此，应合理恰当地使用计算机辅助体育教学。

（一）激发学生的兴趣

兴趣是最好的教师，利用多媒体教学不仅培养了学生的兴趣爱好同时也符合目前对学生进行素质教育的实质。虽然传统的体育教学也能讲解并可以强调重点，但在示范中，由于示范动作瞬间完成，学生根本不能看清其过程。如果我们利用多媒体在体育课上教学这样就将过程用电教媒体演示出来，就能化动为静，化抽象为形象，增强学生的感性认识。现代的多媒体教学符合广大学生的求新欲望，这样就使得学生有一个很好地学习状态和良好的心情，在这种美好的心情下就会产生出一种对体育学习的极大兴趣。这样不仅使学生的知识面扩大了，也从根本上掌握一些重要的知识要领，同时也使得学生更为方便地学习到了大量的相关知识。

（二）增强理论课的教学效果

体育课中的理论课主要指在教室中讲授体育理论基础知识的课程，比如太极拳第一课的太极拳发展史、学习太极拳的意义等内容。社会环境对人类在智力、个性化和职业能力等方面的需求伴随着信息技术的不断发展而一直在提高。传统理论教学授课方式已经渐渐脱离社会的需要，反观多媒体 CAI 技术具有信息规模宏大、生动直观和视听共享等特点，相比传统教学方式显示出巨大优势。研究表明，记忆知识时如果眼耳手多种感官并用，则可很大程度上增强记忆的稳定性和持久性。也就是说如果学生能同时看到和听到要学习的知识，再进行进一步的复述，将大大提高记忆效率。

（三）突出教学重点和突破教学难点

多媒体技术能使理论由抽象变得具体化和形象化。对于体育教学过程中掌握起来有困难的复杂动作，如果教师的示范不足以充分表现出动作的组成、节奏、重点和关键时，就可以利用多媒体手段，利用三维技术对实时画面采用特写、近景和远景等镜头方式或采用镜头的移、摇、拉、推等多种方式获得动作的全息视角，有效地从不同角度和不同侧面展现动作的幅度、角度、运动轨迹和相对位置等多种空间特征，还能够通过暂停视频把瞬时进行的动作以缓慢的方式表现给学生看，使教学的过程不受时间和空间的限制。例如，在太极拳教学中，从起势开始，每个动作中上肢和下肢同时活动，流畅且复杂的一连续动作组成了 24 式太极拳，这个过程是相对复杂的，教师在讲授过程中直接演示很难收到良好的教学效果，示范动作很难如教科书那般完美，这就导致学生无法形成关于太极拳正确、清晰、完整的动作概念，从而记不住动作，学起来很困难。通过 CAI 辅助教学过程，可以对动作进行慢放和定格，在学生面前逐渐展现动作的每个细节，这样教师就可以对太极拳每一式的分解动作详细阐述，透彻地讲授动作的关键部分，再结合实践，学生就可以很熟练地掌握太极拳的要领了。

第三节　计算机辅助教学与学生创新能力的培养

在信息技术高速发展的今天，利用信息技术辅助教学已经成为广大教师普遍采用的方式，有效地提高了课堂教学效率和教学质量，也为学生创新能力的培养打下了坚实的基础。尤其是在双减背景下，计算机的作用更加凸显，通过线上和线下的融合，降低了学生的学习压力，能够更好地面对学习和生活。所以，教师要摒弃传统的教育观念，注重自身职能的转变，认识到教师不仅仅是知识的传播者和传递者，还是一名“向导”和

“顾问”。在教学中要充分发挥计算机的辅助作用，营造一个自由、宽松的学习环境，让学生在充满趣味和启发性的课堂中产生更多新颖的想法和思路，拓展学习空间，使课堂教学变得生动有趣，培养学生的自主探究能力和创新能力。

一、计算机辅助教学对于学生创新能力培养的重要作用

（一）凸显学生主体地位

在素质教育背景下，以教师为中心的教学理念已经难以适应当前教育改革的趋势，也无法再满足学生的学习需求。在计算机的辅助下，教师可以少讲、精讲，用多媒体课件代替传统的粉笔板书，从而节省出大量的课堂教学时间，使课堂教学从以教师为中心的知识传授过程变为以学生为主体，在教师指导下进行自主、探究、合作学习的过程。利用计算机辅助教学是学生主体性得以体现的重要条件，教师应当树立起以学生为本的教学理念，在课堂中形成愉快、民主的学习氛围，鼓励学生大胆质疑、勇敢发言，讲出自己独到的见解，使学生成为课堂学习的真正主人，培养创新思维和创新意识。

（二）开发学生学习潜力

兴趣是学生学习的原动力，教师可以利用计算机辅助教学把枯燥单调的知识用直观、具体的方式呈现出来，能够更好地吸引学生的课堂注意力，增强其学习兴趣，使得学生不再只是充当课堂的“旁观者”，而是更加积极主动地参与到课堂教学中来，极大地开发了学生的学习潜力。同时，教师利用计算机辅助教学突破了传统课堂在时间和空间上的限制，增强了与学生的交流与互动频率，教师可以利用智慧教育平台及时地掌握学生的学习情况，并根据学生的学习情况调整并制定更具针对性的教学策略，开展个性化教学，更好地促进学生创新能力的提高和创新思维的养成。

二、利用计算机辅助教学培养学生创新能力的策略

（一）创设教学情境，提升创新意识

“工欲善其事，必先利其器”，要想实现学生创新能力的有效培养，需要提前注重学生创新意识的激发。教师在教学中要充分发挥课堂的阵地作用，做好充足的课前准备，明确课堂教学目的，知道这节课要讲授什么内容、需要学生知道什么以及具备什么样的能力等，并结合这些教学目的构建相应的教学情境，把知识教学融入特定的情境中，使得知识更容易理解，从而增强学生的学习兴趣和创新意识。不同的教学情境可以发挥不同的作用，教师要根据教学实际选取适当的教学情境，给学生创造最佳的学习环境，这样才能够凸显信息化教学的意义。

知识来源于生活，又应用于生活。教师要树立“生活即教育”的理念，注重教育内容与现实生活之间的联系，在课堂教学中利用计算机创设生活化的教学情境，用学生熟悉的生活场景、生活事物，唤起他们的生活经验和生活回忆，引导学生从生活的角度去理解学习内容，更加真切地感受到所学内容与现实生活的密不可分，认识到学习的价值和意义。学生都是听着故事长大的，他们对故事有着由衷的热爱，在教学中教师可以合理借助计算机创设故事情境，通过展示与教学内容相关的历史典故、童话故事、学科发展史等内容增强课堂教学的生机与活力，引导学生从充满趣味性的故事情节中发现问题、思考问题、解决问题，或让学生在追溯历史足迹的过程中效仿先辈，对所学知识进行探究，也可以对一些传统做法进行改进和创新，培养学生的创新意识。学生具有较强的胜负欲，在激烈的比赛中，他们会绞尽脑汁去争取胜利。教师可以利用学生的这一特点在课堂上创设激励情境，通过计算机辅助教学设计交互游戏型的课件，只有学生在规定时间内完成任务，才能进入下一关的学习，用人机挑战的方式营造充满竞争的学习氛围，调动学生学习的积极性和主动性。为了快速顺利地完成学习任务，学生会发挥自己的特长，寻找解决问题最快、最有效的方法，既提高了学生思维的敏捷性和灵活性，又增强了学生的创新

意识。

(二)引入微课教学,强化创新能力

计算机辅助教学为教师提供了更加丰富的教学资源和教学手段,微课就是其中之一,深受广大教师和学生的喜爱,在教育教学中取得了较好的效果。微课视频短小精悍,一个微课通常只对应一个知识点或某一个教学环节,提高了教师教学的针对性和目的性,也避免了学生由于视听疲劳而造成学习状态不佳的状况,有效地提高了教学的质量。在课堂教学中,教师可以根据教学内容创设“微情境”,引导学生利用所学知识对情境中的问题开展“微讨论”,通过互相交流探讨更好地促进学生思维的发散,加深学生对知识的掌握。同时微课视频为学生创新观点的产生提供了生成载体,使学生从死读书的环境中解脱出来,促进了创新思维的进一步延伸。

在课前预习阶段,教师可以将微课与电子导学案相结合,引导学生做好课前预习。把重难点知识的讲解录制成微课,如果学生预习过程中遇到困难,就可以打开教师录制好的微课进行自主学习,消除心中的疑惑。对于学生凭借自己能力不能突破和解决的问题,教师可以让学生拿到课堂中共同探讨。上课之前,教师利用课堂提问或小测试的形式来检查学生的预习情况,并通过计算机系统对学生的预习情况进行统计与分析,找出学生的共性问题,并分析问题出现的原因。在课堂教学中,教师以学定教,为学生提供针对性的教学指导,和学生一起探讨难题,让学生从以往的信息接收者变为主动的问题思考者和思维历练者,鼓励学生在探讨中大胆求异、勇于创新,培养创新精神。教师还可以利用微课把学生在学习过程中出现的问题分类整理,组织学生在课堂上一起分析问题的解决方法和途径,化解教学中的难点和疑点,培养学生举一反三的能力。学生创新能力的培养不是一朝一夕的事,还需要在课后多反思、多思考、多训练。教师可以把日常教学中用到的微课件上传到班级学习平台中,让学生在课下反思自己课堂中的学习过程,查找学习中的不足,并利用教师提供的微课资源进行反复学习,消除课堂学习的盲点和漏点,提高学生的自主学习能力，使其在自省中拓宽学习思路，提升创新能力。

（三）助力项目教学，发展创新思维

近几年，项目化教学作为一种新兴的教学模式，逐渐走进了教师的视野，它以项目为核心，把课堂教学由知识传授转变为师生共同完成学习项目的活动，让学生掌握学习的主动权和发言权，通过一种全新的渠道去完成知识构建，提高学习效率。在教学中，教师以学生为中心，以项目任务作为教学和学习的主线，运用计算机辅助教学引导学生通过讨论、实践共同完成项目任务，激发学生的创新精神。有些学生对项目学习不了解，可能会产生抵触情绪，这就需要教师做好介绍和辅导，给学生展示项目学习的优势，并且通过计算机来展示项目实施的步骤和要点，使学生更好地接受项目学习，并积极主动地投入项目学习中。

在运用项目教学时，教师要立足于学生实际需求，从学生的最近发展区出发，设计难度适中、具有启发性的项目学习任务。在课前，教师利用班级的学习群、微博、云盘等网络平台向学生发布与项目学习相关的图片、课件、网址、微课等学习资源，让学生根据项目学习任务进行自主学习，实现资源的信息化，提高学习效率。在课堂教学中，教师可以利用计算机处理图形、动画、视频、声音、符号等功能为学生创设相应的项目学习情境，激发学生的学习兴趣，让学生在具体的情境中联想、判断和探索。为了保证项目顺利实施，教师可以利用计算机的统计功能，将学生在项目中的信息和数据等进行汇总分析，鼓励学生打破思维定式去寻找更多解决问题的思路与方法。在项目实施的过程中，教师还可以利用智能手机记录学生的完成过程，把学生创新性的做法和出现的一些典型错误作为课堂教学案例进行精讲，提高教学的有效性，使学生从中获得更多的学习经验，发展创新思维。当项目结束后，教师必须做好总结和反思工作，这样不仅让学生学有所得，还能为下一次开展项目教学做好铺垫。

（四）运用电子白板，升华创新精神

在当前的学科教学中，交互式电子白板已经成为课堂教学的重要工具，不仅提高了课堂教学效率，还增强了课堂互动，激发了课堂的活力。

交互式电子白板将传统的黑板功能和现代的多媒体技术有效地融合在了一起，构成了一种新型的教学方式，教师不仅可以利用多媒体课件进行知识的讲解，还可以在课件上进行标注和书写，并且根据教学需要随时地引入网络资源，提高了课堂教学的灵活性，也让学生更好地感受到了科技创新的力量，深化了学生对创新的认知。

学生的学习道路并不是一帆风顺的，在日常学习中经常会遇到困难和挫折，而这些困难和挫折的所在点往往就是教学的重点与难点，在学习过程中起着举足轻重的作用。以前教师都是通过反复讲解、大量做题、机械抄写、死记硬背等方式帮助学生理解和记忆这些知识点，结果却事与愿违，学生并没有真正把握知识的本质，出现了记得快、忘得快的现象。为此，教师可以在教学中运用交互式电子白板，帮助学生化解学习的重难点，树立起正确的学习观念，增强学生的社会适应性。交互式电子白板的功能是强大的，教师可以利用白板感应笔对重点难点知识进行标注、圈出或对相关的字词进行闪烁提示，突出重点，强化学生的记忆。教师可以结合教学内容，从交互式电子白板的数据库中搜索与之相关的学习资源，引导学生从多角度、多方面去了解所学内容。教师还可以运用交互式电子白板的拉幕和隐藏功能，把一些难点问题的解决思路和答案遮挡起来，从原来的照着答案讲转变为引导学生想，鼓励学生发散思维，在原有知识基础上结合所学内容进行猜想与假设，给出自己的意见和想法，然后教师再打开幕布展示标准答案和解决思路，通过对比让学生认识到自己思维的不足，促使学生自我完善。

（五）构建智慧课堂，拓宽创新思路

在智慧教育理念下，学科教学迎来了新的发展契机，开创了全新的教育环境。教师要依托计算机辅助教学构建智慧课堂，在信息技术的支持下丰富学生的学习形式和学习内容，拓宽学生的创新思路。每一个学生都是独立的个体，受学习基础、学习能力、学习环境等因素的影响，学生在学习上存在明显的差异性，这时分层教学就显得格外重要。所以，教师可以借助计算机技术把学生在日常生活和学习中的表现进行量化处理，并

以数据的形式输入到计算机系统中，运用大数据技术加以分析，对学生进行科学合理的分层，使教师可以更加直观、清楚地看到学生在班级中的占位，掌握每个学生的具体学习情况，从而为制定差异化的教学策略提供依据，使课堂教学“面向全体学生”成为可能，开发学生的学习潜力和创造力。

计算机辅助教学创新了师生互动方式，教师可以利用微信、钉钉等交流软件创建班级学习群，把教学中的一些复杂、具有争议性的问题放到群中组织学生开展讨论，使每一个学生都能够参与到课堂互动中，打破传统课堂互动时间和空间的限制，给学生提供施展才华的机会。教师可以利用计算机软件的投屏功能实时显示群内的互动情况，从学生的互动交流中获得及时的教学反馈，并且对学生在讨论中出现的一些错误想法进行及时的纠正和指导。这种全新的互动模式不仅活跃了课堂氛围，还让学生在思维碰撞中产生了更多新的想法，拓宽了学生的创新思路。有条件的学校还可以为学生开发定制终端，在终端中内置学习资源和学习软件等，构建起绿色的学习环境，为学生的智慧学习和成长提供帮助。

总之，在计算机辅助教学下，教师可以利用现代化的教学手段把抽象的文字转换成多彩的图像、视频、动画等，化静为动、化抽象为具体，改变知识的呈现方式，也把教育思想和教育方法融入有趣的媒体环境之中，为学生创新能力的发展提供了良好的信息化环境。教师要灵活运用计算机辅助教学的优势改进教学内容和教学方法，使教育教学更加贴近学生的认知规律和思维习惯，更好地促进学生创新能力的有效培养。

参考文献

[1]陆立华.计算机辅助教学理论与实践研究[M].北京:北京工业大学出版社,2021.

[2]戚一岚.计算机网络辅助英语教学的理论和实践[M].杭州:浙江工商大学出版社,2020.

[3]夏继禹.计算机辅助教学的理论与实践研究[M].哈尔滨:哈尔滨工业大学出版社,2018.

[4]黄岚,冯炜.计算机辅助翻译研究与教学[M].北京:煤炭工业出版社,2018.

[5]王玉兰.计算机辅助翻译与翻译教学研究[M].北京:九州出版社,2017.

[6]常国锋.计算机辅助教学理论与实践[M].天津:天津科学技术出版社,2017.

[7]李晓东,韩玲玲,袁晓蕾.计算机辅助教学理论与实践[M].北京:高等教育出版社,2016.11.

[8]陈清奎.计算机辅助教学研究[M].北京:地质出版社,2016.

[9]郑美平.计算机辅助对外汉语教学应用研究[M].北京:中国书籍出版社,2016.

[10]马冲宇.基于虚拟现实的计算机辅助语言教学研究[M].上海:上海交通大学出版社,2015.

[11]杨林伟.数字时代下的计算机辅助语言教学:理论与实践[M].济南:山东人民出版社,2015.

[12]许智坚.计算机辅助英语教学[M].厦门:厦门大学出版社,2015.

[13]仇丹丹，陈佳．计算机辅助教学实用教程[M]．北京：北京邮电大学出版社，2015.
[14]马琴，邓怀勇．计算机教学研究与实践[M]．北京：光明日报出版社，2016.
[15]王伦．计算机教育教学模式与方法研究[M]．长春：吉林出版集团股份有限公司，2023.
[16]李宝珠．信息技术时代高校计算机教学模式构建与创新[M]．长春：吉林出版集团股份有限公司，2022.
[17]张爱雪．关于计算机辅助教学的探索[J]．新教育时代电子杂志(教师版)，2020(5)：168.
[18]张娜．计算机辅助教学优化课堂内容[J]．新教育时代电子杂志(教师版)，2021(39)：137－138.
[19]徐溱锋．小学数学课堂计算机辅助教学模式创新研究[J]．今天，2023(23)：126－127.
[20]牟鹏．浅谈计算机辅助教学与学生创新能力的培养[J]．学周刊，2023(13)：64－66.
[21]姚明臣，赵治涛．计算机辅助教学在运筹学课堂实践中的探索[J]．牡丹江教育学院学报，2023(8)：87－90.
[22]鱼亚勋．计算机辅助教学在中学物理教学中的应用[J]．学苑教育，2022(36)：69－71.
[23]宁燕．小学语文计算机辅助教学的开展[J]．江西教育，2020(15)：35.
[24]王红红．计算机辅助教学在历史教学中的应用[J]．家长，2022(10)：134－136.
[25]张凯，覃正楚，况莹．智慧教育环境中计算机辅助教学应用研究[J]．电脑知识与技术，2023(13)：161－163，170.
[26]邓锌．计算机辅助教学[J]．科技风，2017(12)：28.
[27]陈坚．探究计算机辅助教学在电化教育中的作用[J]．新教育时代电子杂志(教师版)，2021(37)：181－182.

[28]谭文武.关于计算机辅助教学成本与获益的思考[J].北京城市学院学报,2019(6):35－38.
[29]豆少倩.浅析小学语文计算机辅助教学[J].学周刊,2019(1):131－132.
[30]王美霞,王富荣.基于虚拟现实的计算机辅助教学系统设计[J].江苏科技信息,2020(5):44－47.
[31]杨贺.计算机辅助教学质量管理体系构建与实践[J].无线互联科技,2020(5):132－133.